公德与私德

梁启超国民道德思想初探

李永华 著

知识产权出版社
全国百佳图书出版单位
—北京—

图书在版编目（CIP）数据

公德与私德：梁启超国民道德思想初探/李永华著．—北京：知识产权出版社，2023.1（2024.9重印）

ISBN 978-7-5130-8477-2

Ⅰ.①公… Ⅱ.①李… Ⅲ.①梁启超（1873-1929）—思想评论 Ⅳ.①B259.15

中国版本图书馆 CIP 数据核字（2022）第 220218 号

责任编辑：贺小霞　　　　　　　　责任校对：潘凤越
封面设计：邵建文　　　　　　　　责任印制：刘译文

公德与私德
——梁启超国民道德思想初探

李永华　著

出版发行：	知识产权出版社有限责任公司	网　　址：	http://www.ipph.cn
社　　址：	北京市海淀区气象路 50 号院	邮　　编：	100081
责编电话：	010-82000860 转 8129	责编邮箱：	2006HeXiaoXia@sina.com
发行电话：	010-82000860 转 8101/8102	发行传真：	010-82000893/82005070/82000270
印　　刷：	北京建宏印刷有限公司	经　　销：	新华书店、各大网上书店及相关专业书店
开　　本：	787mm×1092mm　1/16	印　　张：	11
版　　次：	2023 年 1 月第 1 版	印　　次：	2024 年 9 月第 2 次印刷
字　　数：	150 千字	定　　价：	68.00 元

ISBN 978-7-5130-8477-2

出版权专有　侵权必究

如有印装质量问题，本社负责调换。

目 录

导言 梁启超眼中的国人道德 ………………………………… 1

第一章 国民道德：梁启超伦理思想的主题 ………………… 13

    第一节 "数千年未有之变局" …………………………… 14

        一、中国社会的近代变局 ……………………………… 14

        二、天下体系的破裂 …………………………………… 19

    第二节 新国与新民 ………………………………………… 30

        一、近代中国社会启蒙运动的发展 …………………… 30

        二、近代国民性改造运动中的梁启超 ………………… 34

    第三节 "发明一种新道德，以求所以固吾群、善吾群、
           进吾群之道" …………………………………… 39

        一、"道德革命"论 …………………………………… 40

        二、新道德即国民道德 ………………………………… 43

第二章 公德与私德：梁启超国民道德的核心 ……………… 48

    第一节 道德的意义 ………………………………………… 48

一、道德与伦理 …………………………………………… 49
　　二、道德生成的基础 ……………………………………… 52
第二节　私德与公德的界定 …………………………………… 54
　　一、善己之德与交往之德 ………………………………… 55
　　二、"私人交往"之德与"公共交往"之德 …………… 56
第三节　梁启超的私德与公德 ………………………………… 58
　　一、私德与公德之观点 …………………………………… 59
　　二、私德与公德之困惑 …………………………………… 64

第三章　近世中国的道德问题（一）：难以补足的公德 …… 68

第一节　"采补本无而新之" ………………………………… 69
　　一、"补公德"问题的提出 ……………………………… 69
　　二、"采补"之内容 ……………………………………… 75
　　三、"采补"之途径与方法 ……………………………… 84
第二节　从"采补本无"到"淬厉本有" …………………… 92
　　一、公德为道德之"源" ………………………………… 92
　　二、公德为私德之"推" ………………………………… 96
第三节　私德是否是公德生成的原因 ………………………… 100
　　一、公德立于"群" ……………………………………… 100
　　二、私德推及公德的可能 ………………………………… 103
　　三、未显现的交往伦理 …………………………………… 106

第四章　近世中国的道德问题（二）：理不清的私德 …… 109

第一节　国人私德堕落 ………………………………………… 110

　　　　一、普通人士：心死与奴性 ………………………… 110
　　　　二、志识阶层：自放与自文 ………………………… 112
　　　　三、国人私德堕落的原因 …………………………… 114
　　第二节　如何改进国人私德 …………………………………… 120
　　　　一、中国道德之大原 ………………………………… 121
　　　　二、作为主体的志识阶层 …………………………… 123
　　　　三、传统的道德修养思维 …………………………… 126
　　第三节　梁启超私德问题分析 ………………………………… 132
　　　　一、儒者的精神 ……………………………………… 132
　　　　二、不健全的私人交往伦理 ………………………… 135

第五章　总说梁启超的公德和私德 ……………………………… 139

　　第一节　何谓梁启超问题 ……………………………………… 139
　　　　一、梁启超问题的出现 ……………………………… 140
　　　　二、作为理论问题 …………………………………… 143
　　　　三、作为时代问题 …………………………………… 145
　　第二节　梁启超道德学说的意义 ……………………………… 149
　　　　一、近代社会启蒙中的独特影响 …………………… 149
　　　　二、为公民伦理与儒家伦理关系的辨析提供借鉴 ……… 154

结　语 ………………………………………………………………… 159

参考文献 ……………………………………………………………… 165

导言　梁启超眼中的国人道德

梁启超（1873—1929），字卓如，号任公，广东省新会人，中国近代著名的政治活动家、思想家。自幼接受良好的家庭教育，较早地阅读了儒家典籍，比较系统地接受了汉学的基本功训练，国学功底深厚。❶ 18岁时，退出学海堂，拜康有为为师，在康有为的引导下，他舍弃汉学，学习今文经学知识，并将今文经学与变法改制联系起来，接受维新变革的思想和政治主张；广泛阅读各类西学著作，对西学有了比较深入的认识；形成了关注现实、学以致用的思维方式和独特的学术研究方法。师从康有为在万木草堂的学习为梁启超日后的政治和学术活动奠定了基础，使其一生的事业和学术发生了转折。❷ 1895年，作为康有为的得力助手，他成功地鼓动了各省举人联名上书，发动了著名的"公车上书"，自此，梁启超登上了中国近代历史的舞台，投入到了近代中国社会救亡和启蒙的活动中。他组织强学会，创办《中外纪闻》《时务报》，宣传维新变法思想，1898年，以

---

❶ 梁启超：三十自述 [M] //汤志钧，汤仁泽. 梁启超全集：第四集. 北京：中国人民大学出版社，2018：107-108.

❷ 梁启超在万木草堂学习了四个春秋。由于康有为的辛勤培养和较好的学习条件，加上天资聪颖，刻苦钻研，梁启超学到了很多新知识，更重要的是思想上有了很大的提高，为他的人生走向和事业奠定了坚实的基础。梁启超在万木草堂的主要收获是：确立了一心救国的宏大志向，学习了丰富的中西文化知识，提高了研究和著述能力。见：刘炎生. 梁启超 [M]. 广州：广东人民出版社，2004：6-13.

六品衔办理译书局事务,参与维新变法,并在变法失败后逃往日本。流亡日本期间,他阅读了大量西方著作,使得"思想为之一变",并以传播西方资产阶级思想、启蒙国人为己任,通过《清议报》《新民丛报》等介绍西方学说,倡导文学革命、道德革命,被誉为"舆论界之骄子",这一时期的活动奠定了梁启超作为近代启蒙领袖的地位。辛亥革命胜利后,拥护共和,直接参与政治活动,担任司法总长、财政总长等职务,并组织护国运动,反对变更国体、复辟帝制,直至1917年辞去段祺瑞内阁财政总长职务,这一时期梁启超参与了一系列重大的历史事件,还针对政治、经济、哲学、文学等问题发表了大量的文章与演讲,关注近代中国的建设问题。1920年之后,虽未能忘情于政治,但"学问兴味更为浓些",主要精力转向学术研究和文化教育事业,并取得了显著成就。

作为从传统中走出来的思想家,梁启超深受传统经世致用思想的影响,背负着济世救民的社会理想,在社会大变动的时期积极承担起社会救亡和启蒙的任务,站在近代社会发展的起点上,以近代西方为参照,反思中国社会、政治与文化,积极致力于中国社会近代化的发展。

经历戊戌变法的失败之后,梁启超对中国社会救亡和发展问题的思考从政治制度的层面深入到了作为国家基本构成要素的国民身上,1901年,在《中国积弱溯源论》中写道:"聚群盲不能成一离娄,聚群聋不能成一师旷,聚群怯不能成一乌获,以今日中国如此之人心风俗,即使日日购船炮,日日筑铁路,日日开矿务,日日习洋操,亦不过披绮绣于粪墙,镂龙虫于朽木,非直无成,丑又甚焉。"[1] 在"社会有机体"理论[2]影响下形成

---

[1] 梁启超. 中国积弱溯源论 [M]//汤志钧,汤仁泽. 梁启超全集:第二集. 北京:中国人民大学出版社,2018:257.

[2] 这一理论主要是严复所介绍的斯宾塞的"社会有机体"说。

的近代国家—国民关系的这种认识贯穿在梁启超的政治思想和政治实践活动之中，他说："政府之良否，恒与国民良否为比例，如寒暑针之与空气然，分秒无所差忒焉，丝毫不能假借焉。"❶ 但当他把视线转向民众时，他看到的却是民力已苶，民智已卑，民德已薄，遂发出了"新民为今日中国第一急务"的疾呼，他说："夫吾国言新法数十年而效不睹者何也？则于新民之道未有留意焉者也。"❷

《新民说》是梁启超国民改造思想的代表作，自 1902 年 2 月 8 日至 1906 年 1 月 9 日陆续在《新民丛报》上发表，基于"欲维新吾国，当先维新吾民"❸ 的宗旨，致力于推动国人从"部民"❹ 向"国民"转变，其中，"新民德"是其关注的核心。"道德之立，所以利群也"，梁启超将近代道德问题的思考置于近代中国社会的救亡图存背景之下，提出"道德之革命"❺，试图"发明一种新道德，以求所以固吾群、善吾群、进吾群之道"❻。在他的思想中，"群"不是传统的家族群或普遍意义上的社群，而主要指的是近代民族国家；作为"新道德"的"公德"就其条目来说，例如国家意识、进取意识、权利思想、自由精神等，属于近代国民的政治要求和价值观念，而非严格的伦理学意义上的道德。梁启超的伦理思想是

---

❶ 梁启超. 中国积弱溯源论 [M] //汤志钧，汤仁泽. 梁启超全集：第二集. 北京：中国人民大学出版社，2018：265.
❷ 梁启超. 新民说 [M] //汤志钧，汤仁泽. 梁启超全集：第二集. 北京：中国人民大学出版社，2018：529.
❸ 丁文江，赵丰田. 梁启超年谱长编 [M]. 上海：上海人民出版社，2009：180.
❹ "部民"是梁启超在《新民说·论国家思想》中提出的，他认为"群族而居，自成风俗者"是部民，而"有国家思想，能布政治者"是国民。见：梁启超. 新民说 [M] //汤志钧，汤仁泽. 梁启超全集：第二集. 北京：中国人民大学出版社，2018：543.
❺ 梁启超. 释革 [M] //汤志钧，汤仁泽. 梁启超全集：第四集. 北京：中国人民大学出版社，2018：93.
❻ 梁启超. 新民说 [M] //汤志钧，汤仁泽. 梁启超全集：第二集. 北京：中国人民大学出版社，2018：542.

"将近代启蒙思想应用于当时中国政治和道德领域的表现"❶。

在《新民说》中，他首先将道德区分为"私德"和"公德"："人人独善其身者谓之私德，人人相善其群者谓之公德"❷，私德主要指个人修身以及处理私人关系的道德，公德的目的在于"团"或"利群"，即建立和增强群体的凝聚力。他认为公德和私德本体为一，但发表于外，则有公私之别，对一个国家和社会来说，二者是缺一不可的，"无私德则不能立，合无量数卑污虚伪残忍愚懦之人，无以为国也。无公德则不能团，虽有无量数束身自好、廉谨良愿之人，仍无以为国也。"❸反观近代社会国人道德，他认为公德和私德两方面均存在严重问题。

首先，公德缺失。

在民德问题上，虽然强调"合公私而兼善之"，但基于对中国近代社会救亡局势的认识及"道德之立，所以利群"这一道德观，梁启超首先指出了中国社会最重要的道德问题，即"我国民所最缺者，公德其一端也"。

> 吾中国道德之发达，不可谓不早。虽然，偏于私德，而公德殆阙如。试观《论语》《孟子》诸书，吾国民之木铎，而道德所从出者也。其中所教，私德居十之九，而公德不及其一焉。……凡此之类，关于私德者，发挥几无余蕴，于养成私人之资格，庶乎备矣。虽然，仅有私人之资格，遂足为完全人格乎？是固不能。（《新民说·论公德》）

---

❶ 陈来. 中国近代以来重公德轻私德的偏向与流弊 [J]. 文史哲, 2020（1）：5-23, 165.
❷ 梁启超. 新民说 [M]//汤志钧, 汤仁泽. 梁启超全集：第二集. 北京：中国人民大学出版社, 2018：539.
❸ 梁启超. 新民说 [M]//汤志钧, 汤仁泽. 梁启超全集：第二集. 北京：中国人民大学出版社, 2018：539.

中华民族自古以来都被认为是"衣冠上国""礼仪之邦",在历史发展的过程中形成了完整的礼仪规范、高尚的道德准则和优秀的传统美德,但在近代中国民族危亡之时,社会上却充满了"无自治能力""无独立观念""倚赖之外无思想,服从之外无性质"的奴隶,"自私为我""麻木不仁""嬉笑怒骂""自暴自弃"的旁观者以及各种"莫谈国事""畏国事之为己累"的"乡党自好者"。对此,梁启超指出,中国传统伦理关注父子、兄弟、夫妇、朋友、君臣等私人交往关系,基于这种私人交往伦理生活而形成的传统道德主要表现为"一私人独善其身"之美德与处理传统私人交往关系之道义,二者均可以归为"私德"之范畴。在以农耕为基础的中国传统宗法社会,虽然经历代朝代的更替,但农耕居主导地位的生产方式和"家天下"的政治统治方式均未发生实质性的变化,所以,这种具有典型"私德"特征的中国传统伦理道德体系不论在个体修身养性方面还是家国社会组织方面都发挥着重要的作用。但当西方列强的坚船利炮打破了古老中国的天下体系时,激烈的民族危机和急剧的社会转型对中国人提出了新的要求——爱国之心和公共观念,但近代国人在这方面表现出了明显的缺失。

1899年《爱国论》中写道:

> 泰西人之论中国者,辄曰:彼其人无爱国之性质,故其势涣散,其心怯懦。无论何国何种之人,皆可以掠其地而奴其民。临之以势力,则帖耳相从;啗之以小利,则争趋若鹜。
>
> ……一败再败,一割再割,要害尽失,权利尽丧,全国命脉,朝不保夕,而我民犹且以酣以嬉,以歌以舞,以鼾以醉,晏然以为于己无与?(《爱国论》)

爱国心薄弱，是梁启超认为近代国民公德缺失的最重要的表现，这一问题直到辛亥革命之后依旧十分严重，1916年在《国民浅训》中，他说：

> 爱国俩字，近来当作时兴口号，到处有人说起。但细按下去，真能爱国者，究有几人？比起别国人爱国至情，我等真要愧死。（《国民浅训》）

"国也者，积民而成"，但国难当头之际，民众却不知何为国，爱国之心更无从谈起。梁启超从传统中国所处的地理环境、"家天下"的封建君主专制统治以及思想文化三方面分析了"吾中国人之无国家思想"这一状况产生的原因，强调所谓国家思想，也就是"对于一身而知有国家""对于朝廷而知有国家""对于外族而知有国家""对于世界而知有国家"，并且认为近代民族国家的相遇和西方新学的输入，在很大程度上拓展了国人对世界的认知与理解，有利于提升近代民族国家观念，但"知有一己而不知有国家"则是近代国人国家意识启蒙过程中"最难变者"。

在近代社会救亡和启蒙的过程中，"知有一己而不知有国家"是被启蒙思想家批判的最为激烈的国民劣根性，也是梁启超看到的国人公德缺失的重要表现，即"公共心缺乏"。他说：

> 夫独善其身、乡党自好者，畏国事之为己累而逃之也；家奴走狗一姓而自诩为忠者，为一己之爵禄也。势利所在，趋之若蚁，而更自造一种道德以饰其丑而美其名也。（《新民说·论国家思想》）
>
> 私家之事，成绩可观者往往而有，一涉公字，其事立败。自国家

之公署，乡镇之公局，乃至工商业之股份公司，无一不为百弊之丛，万恶之薮。甚则公林无不斩伐，公路无不芜梗，公田无不侵占，公园无不毁坏。(《国民浅训》)

受达尔文物竞天择学说的影响，梁启超认为"能群与不能群"是优胜劣汰的根本原因，所以，"合群"是近代国人应有的基本观念，但畏国事而逃之的"独善其身者""乡党自好者"都没有认识到公益与私益的关系，"家奴走狗"更是将个人私益置于公益之上，而这类行为在传统道德的语境中有着不同的意义，独善其身无疑是德育的起点，清正廉洁、效忠君主更是为官的基本要求，这种深入人心的道德观念为人们的利己行为提供了假借道德之名的方式，同时也极大阻碍了近代国人公共观念的生成。

梁启超对近代国人公共观念缺失的关注基本在其"国家群"的范畴之内，即其"公共观念"有着明确的国家指向，而非当代意义上谈论的公共生活，他希望启蒙国人认识到"国家之与我身家，其关系若何切要"，进而集合全体国民之力使古老的中国呈现出新的状态，以新的姿态立于世界民族之林。

中国这个有着悠久历史的文明古国，自汉唐以来就以其独特的文化影响着四夷，在传统的生产和生活方式基础上形成的以儒家学说为主导的思想文化和价值观念，渗透中国人的精神世界、交往生活以及社会、政治、制度的方方面面，体现着传统中国独特的精神气质和价值取向；而以血缘和熟人关系为基础的交往生活所形成的道德体系在维持传统伦理秩序和社会结构稳定方面发挥着重要的作用。当西方的坚船利炮打开这个古老国度的国门后，传承延续了两千多年的经济、政治、文化都面临着前所未有的变局，以和谐为取向的传统社会价值观被以民族国家救亡为宗旨的"富

"强"要求取代。在轰轰烈烈的民族救亡活动中,梁启超对传统中国及近代国人都有着相对冷静的观察,他说:

> 昔者吾中国有部民而无国民……有可以为一家人之资格,有可以为一乡一族人之资格,有可以为天下人之资格,而独无可以为一国国民之资格。夫国民之资格,虽未必有以远优于此数者,而以今日列国并立、弱肉强食、优胜劣汰之时代,苟缺此资格,则决无以自立于天壤。(《新民说·释新民之义》)

对传统文化有着深深依恋的梁启超,从价值评价上并未彻底否定中国传统社会的道德教育和人格修养要求,但也明确指出国人从传统部民到近代国民转化的过程中必须面对的不足与缺失,即"公德"这一作为国民的重要品质。

其次,私德堕落。

虽然近代中国社会的救亡和发展凸显着公德的急迫性,但作为一个对现实社会有着敏锐和深刻观察的启蒙思想家,梁启超对近代国人的私德状况也并不乐观,1903年10月,发表《论私德》,感叹"私德之堕落,至今日之中国而极"[1];在专制政体的陶铸之下,"无论上下贵贱,一皆以变诈倾巧相遇",居上位有德者,"苟欲进取,必以诈伪;苟欲自全,必以卑屈"[2];而"根性稍薄弱者",则随流而沉汩;近代以来内忧外患,对外屡

---

[1] 梁启超. 新民说 [M] //汤志钧,汤仁泽. 梁启超全集:第二集. 北京:中国人民大学出版社,2018:634.
[2] 梁启超. 新民说 [M] //汤志钧,汤仁泽. 梁启超全集:第二集. 北京:中国人民大学出版社,2018:634.

次战败,国内动乱不止,使得国民品格日趋卑下,侥幸、残忍、倾轧、狡伪、凉薄、苟且之恶性取代了传统中国人的优美纯洁善良之德,生计憔悴的逼迫,更是加剧了这种腐败堕落的程度。自古以来承担着移风易俗、社会教化之责任的志士鸿儒,自乾嘉以降,藏身于汉学,"立于人间社会以外,而与二千年前地下之僵石为伍,虽著述累百卷,而决无一伤时之语;虽辩论千万言,而皆非出本心之谈"[1]。享有盛名的读书人公然以乡党自好者自居,丧失了传统士大夫"以天下为己任"的道德品格、立身处世的气节风范,失去了作为社会教化者的能力,且带坏了民风。西学的传入出现了"南橘北枳"的结果:

> 夫孰意彼中最高尚醇美、利群进俗之学说,一入中国,遂被其伟大之同化力汩没而去也。要而论之,魏晋间之清谈,乾嘉间之考据,与夫现今学子口头之自由、平等、权利、破坏,其挟持绝异,其性质则同。而今之受痼愈深者,则以最新最有力之学理,缘附其所近受远受之恶性恶习,拥护而灌溉之。故有清二百年间民德之变迁,在朱学时代,有伪善者,犹知行恶之为可耻也;在汉学时代,并伪焉者而无之,则以行恶为无可耻也。及今不救,恐后此欧学时代,必将有以行恶为荣者,今已萌芽于一小部分之青年矣。(《新民说·论私德》)

"私德者,人人之粮,而不可须臾离者也",但在"中国历代民德升降

---

[1] 梁启超. 新民说 [M] // 汤志钧,汤仁泽. 梁启超全集:第二集. 北京:中国人民大学出版社,2018:639.

原因表"中，他认为近代民德却"混浊达于极点，诸恶俱备"❶。

作为一个深受儒家文化影响的近代思想家，一方面，梁启超对于近代民众优良善美之德的堕落感到悲哀，他看到了两千多年来中国人特有的道德观念的弱化和价值信仰的崩塌；另一方面，在他的思想中更为重要的是私德腐败堕落会使得其"新道德"的发明失去根基，公德建设无从谈起。

> ……夫聚群盲不能成一离娄，聚群聋不能成一师旷，聚群怯不能成一乌获，盲者不能以视于众而忽明，聋者不能以听于众而忽聪，怯者不能以战于众而忽勇。故我对于我而不信，而欲其信于待人，一私人对于一私人之交涉而不忠，而欲其忠于团体，无有是处！（《新民说·论私德》）

于是，梁启超明确提出："欲铸国民，必以培养个人之私德为第一义；欲从事于铸国民者，必以自培养其个人之私德为第一义。"❷ 之后他大力提倡私德，围绕道德修养问题，发表观点。

中华民族自古以来就有明确坚定的道德信仰，但近代以来，当这个古老的国家面对生死存亡的危机时，国人不论在公德还是在私德方面都出现了严重的问题，梁启超以其尖锐的笔锋揭示出了这两方面的问题。虽然从"论公德"到"论私德"前后不到两年的时间，但其思想却经历了从"采补本无"到"淬厉本有"的转变，而这一转变在很长时期内都被认为是其

---

❶ 梁启超. 新民说［M］//汤志钧，汤仁泽. 梁启超全集：第二集. 北京：中国人民大学出版社，2018：641-642.

❷ 梁启超. 新民说［M］//汤志钧，汤仁泽. 梁启超全集：第二集. 北京：中国人民大学出版社，2018：633.

政治与文化主张走向保守的表现，但在这一转变的历程中却贯穿着不变的主题，即为危难中的近代中国寻求道德重建的最佳方案，从通过大量引入西方近代价值观念到淬厉传统道德之"元神真火"，体现着他的思想不断展开和深化——对于中国这样有着自己独特历史和文化的国家，既不能"筴弃吾数千年之道德、学术、风俗，以求伍于他人"，又不能"仅抱此数千年之道德、学术、风俗，遂足以立于大地"❶，而应斟酌古今中外，以老树发出新芽的方式，续旧邦新命。

公德和私德，这组来自日本的概念为梁启超分析近代中国社会道德问题提供了重要的帮助，"公德殆阙如"明确指出了在传统社会发育完备的道德体系立足于近代社会救亡和转型发展的背景下所呈现出的不足，但在强调"采补本无"时，并未彻底抛弃传统，为"偏于私德"的传统道德资源的意义与价值保留了空间。

梁启超的一生获得了很多头衔，例如中国近代史上著名的政治活动家、启蒙思想家、资产阶级改良派宣传家、教育家、史学家、文学家、哲学家等，但纵观其一生的实践活动，最为活跃和耀眼的时间段是1899—1919年，这一时期他主要从事的启蒙宣传和政治活动，例如，他以《清议报》《新民丛报》为阵地，撰写大量文章，以充满激情和感染力的笔锋揭示各种社会危机、宣传西方思想文化，致力于开民智、鼓民力、新民德，组织宪政会、政闻社，发表鼓动立宪的文章、致力宪政运动，参与护国战争、维护共和。作为启蒙思想家和政治活动家的梁启超，其工作围绕的核心是民众的启蒙和国家的救亡，这一时期，他虽然撰写发表了大量文章，

---

❶ 梁启超. 新民说［M］//汤志钧，汤仁泽. 梁启超全集：第二集. 北京：中国人民大学出版社，2018：534.

但基于现实的需求，并不是严格意义上的学术文章，所以，后世学者将其作为研究对象时，易于发现概念使用的不严谨、理论体系的不完整、不同时期观点自相矛盾等问题。《新民说》作为这一时期的重要代表作，比较系统地论述了人的近代化问题，使得国民性改造成为思想领域的热门话题，在中国社会产生了广泛深远的影响，其中的"公德"与"私德"在当前社会生活和学术研究中依然是重要的概念，但综观全文，梁启超对这组概念的界定并不清晰，关于二者关系的表述从文字层面上看也存在前后矛盾的状况。本书拟从对这组概念的界定入手，分析其国民道德思想中包含的爱国之情与救国之思，展示梁启超这位从传统中走出的近世儒者对中国传统文化的深沉情感和对中国社会近代化道路的思考。

第一章　国民道德：梁启超伦理思想的主题

戊戌变法失败之后，受西方近代政治学说的影响，梁启超逐渐摆脱了"国为一家之私产"的观念，"国家—国民"成为他思考近代中国社会问题的基本逻辑框架："国也者，积民而成。国之有民，犹身之有四肢、五脏、筋脉、血轮也。"❶ "新民"成为近代中国救亡的关键要素。梁启超立足于近代国际竞争之大势及中国的内忧外患，引进借鉴西方政治思想学说，分析中国传统思想资源，在"淬厉"与"采补"之间寻求"新民"之道，致力于推动传统"部民"向近代"国民"的转化，对中国社会的近代转型与发展产生了重大且深远的影响。梁启超的道德学说是围绕"新民"而形成的，不论是分析中国传统伦理道德，提出道德革命，倡导"发明一种新道德"，还是转向传统儒家道德修养路径，保守传统道德之"元神真火"，培养国民意识，引导国人树立近代国民观念、养成近代国民资格都是其追求的目标，国民道德是梁启超伦理思想的主题。本章主要对这一思想形成产生的时代背景与过程进行梳理与分析。

---

❶ 梁启超. 新民说［M］//汤志钧，汤仁泽. 梁启超全集：第二集. 北京：中国人民大学出版社，2018：528.

第一节 "数千年未有之变局"

在两千多年的封建社会发展中,古老的中国雄踞亚洲,创造了丰富的物质文明和精神文明,为人类社会历史的发展做出了巨大的贡献。自秦汉以来,中国就建立了统一的封建王朝,到了唐代,政治、经济、文化等各领域都达到了前所未有的繁荣。在世界范围内封建社会的形成和上升时期,中国一直处于世界前列,[1] 以其政治、经济和文化的繁荣与先进影响着周边的民族和国家,吸引着外国人的注意。但在封建社会发展的末期,随着农业文明向工业文明的迈进,中国却落后了,1840年鸦片战争的爆发,在西方坚船利炮的逼迫下,被卷入世界资本主义的发展体系中,自此,中国社会面临着民族危机和社会危机的双重矛盾,经历着前所未有的变化,在近代发展的道路上缓慢前进。社会的剧变激起了有识之士的爱国热情,无数仁人志士奔走呼号,为挽救民族和社会危亡进行器物技艺、社会制度和文化心理等方面的探索,这推动了近代中国社会的发展,同时也对以儒学为主导的传统文化造成极大的冲击。

一、中国社会的近代变局

西方列强的大举入侵对中国社会经济、政治和文化造成了巨大的影响,使每一个关注现实的中国人都感受到社会的震动,高呼"此乃数千年

---

[1] 许庆朴,张福记. 近现代中国社会[M]. 济南:齐鲁书社,2002:64.

未有之变局",这种变局反映着中国由传统社会向近代社会的转变,这是一种在外力推动下的社会发展。以寻求商品销售市场和原料产地为目的的西方列强以强制的方式打破了中国传统的生产方式,刺激了社会中近代因素的生长,❶ 在内忧外患的条件下,中国走上了近代发展的道路,呈现出与传统社会不同的发展要求。

依据社会阶段的划分,一般把鸦片战争之前的中国社会称为传统社会,它是以自然经济为基础、以封建专制统治为标志的社会形态,具有自足、封闭和保守的特点。两千多年来,中国传统社会稳定而缓慢地发展,形成了独具特色的社会生活方式,反过来,这种特殊的生产和生活方式又加强着传统社会自身的特点。

在经济方面,传统社会的经济结构是自然经济和商品经济相结合,但以自然经济为主、商品经济为辅。自然经济是一种自给自足的经济形态,民众生活所需要的消费资料由他自己生产来满足,生产的目的也主要是用来实现自己的消费需求,商品经济一般是由于满足生活必需品的需求或者劳动产品的剩余。在传统社会中,以盈利为目的的商品经济发展微弱,始终没有成为传统经济结构的核心。家庭是自然经济发展的一个基本前提,"匹夫之力,尽于南亩,匹妇之力,尽于麻枲。田野辟,麻枲治,则上下俱衍,何困乏之有矣。"❷ 这是传统社会中典型的生产和生活方式,耕织结合满足着家庭的基本需求,体现着自给自足的特征,由家庭的自足扩展到社会的自足,以自然经济为主要特征的经济结构为传统社会的发展提供了

---

❶ 关于中国社会的近代转型,一般都认为是外发型的,即它不是社会内部发展要求的推动,而是外力促逼的结果。这并不是说离开了外力的推动中国就不能走上近代发展的道路,而是强调近代因素在中国传统社会没有充分发展的条件下,西方列强政治和经济的入侵迫使中国开始了社会的转型,这使得近代中国的发展呈现出强烈的"启蒙式发展"的特点。

❷ 桓宽. 盐铁论 [M]. 陈桐生,译注. 北京:中华书局,2015:134.

稳定的经济基础，其自给自足的特征也决定了社会组织的稳定和保守。

传统社会交往范围狭小，以农业为主的社会生产对土地有着天然的依赖，家庭自我满足的能力降低了与外界发生关系的要求，血缘亲属关系和以家庭为中心的邻里和村社生活确定了社会活动的主要内容，家庭在作为基本生产单位的同时也是社会组织的基础，社会交往在血缘和有限的地域范围内而展开，对普通民众来说，主要的社会关系都是一种私人关系，是家庭关系的扩展。这种以私人关系为基础的社会交往是传统社会主要的交往形式，体现出强烈的宗法色彩。以君主专制为核心的中央集权统治建立在这种宗法社会基础之上，"由家族到国家，国家混在家族里面"[1]是中国早期国家形成的基本路径，家国一体的政治结构使得统治方式具有浓厚的宗法色彩，君主是社会的"家长"，百姓为"子民"，处理家庭关系的伦常规范成为维护君臣政治秩序的行为原则，社会政治关系体现着宗法的特征。

在处理与邻国的关系中，"天朝上国"的观念反映着与周边国家的不平等关系。传统中国凭借辽阔的土地、众多的人口、丰富的物产和强盛的国力独鳌东亚，并以先进的文化影响着周边国家，在国家关系中，与周边邻国建立的是一种"朝贡"或"臣服"的关系，这些国家以附属国的形式称臣。以国内政治统治的方式处理国际关系，缺少平等独立的国际思想和主权基础上的国家观念。

总之，在传统中国社会，以自然经济为特征的经济结构为社会的稳定提供了基础保障，以血缘和家庭为基础的、具有天然和谐性的关系扩展到社会生活、政治活动和国际关系之中，传统社会在和谐稳定的条件下缓慢

---

[1] 侯外庐，赵纪彬，杜国庠. 中国思想通史：第1卷 [M]. 北京：人民出版社，1957：11.

发展，其中虽然经历了农民起义、王朝更替和少数民族的入侵，但传统社会自身所具有的张力足以进行内部的调整，传统社会关系在发展的过程中日益精密巩固。但是，明朝中期以后，随着资本主义萌芽的发展，传统中的潜在近代因素日益呈现，但这些异质因素在传统的夹缝中生存，缺乏成长的社会环境和动力，只在商品经济相对繁荣和对外交流便利的有限范围内导致社会关系的某些局部变化；就整个社会来看，传统生产方式和社会关系依然占据绝对的统治地位。清王朝的建立，从制度上重新巩固了传统的秩序，直到清朝末年，经过两百多年资本主义发展的西方列强裹挟着坚船利炮和廉价商品打开中国大门，它们依仗先进的武器和军事技术，通过控制清政府的方式扩张其在华的利益，把中国纳入其殖民体系的同时，也把强势的异质因素注入中国社会。

近代社会的"变局"首先体现在经济方面，表现为资本主义工商业的发展，传统经济结构逐渐瓦解。鸦片战争后，西方列强以不平等条约为护身符，向中国大量倾销商品、掠夺原料和输入资本，使沿海和长江下游一些地区原有的农业和手工业的发展受到强烈冲击，农业生产的商品化发展起来，自给自足的自然经济逐渐解体，中国日益成为世界资本主义的商品市场和原料产地。在西方资本主义的刺激下，以"富国强兵"为目标的洋务运动除开展新式外交、军事和教育外，也开始创办资本主义新式企业：以"自强"为目标的军事工业，制造枪炮船舰；以"求富"为目标的民用工业，承担着生产民用商品且为军事工业服务的任务。甲午战后，清政府将"振兴实业"作为自己摆脱生存危机的切要之途，官办工业得以进一步发展。从19世纪70年代开始，国内原有的资本主义萌芽在宽松的政治和经济环境中开始发展起来，形成了民族资本主义工商业。虽然处于不同利益和目的的支配下，资本主义工商业还是在中国社会发展起来了，从沿海逐渐推进到内陆，这种经济形势打破了传统农业和家庭手工业自给自足的生产模式，从根本上动摇了传统社会中封闭的自然经济基础。

随着传统经济结构的转型、自然经济的逐渐解体以及资本主义工商业的发展，传统社会生活呈现出极大的变化。社会流动开始加强，新的社会力量不断形成，人们的活动空间逐渐超越了血缘和地域的限制，家庭和村社之外的新的交往形式不断出现，并且近代交通的发展，对于打破传统的封闭格局、加速社会流动、扩展人们的交往空间也提供了便利条件。虽然，由于中国社会特殊的传统和近代条件，公共生活领域发展得并不完善，但在血缘和地缘关系之外形成的新的生活领域和交往方式无疑是近代社会生活的一个显著变化。

西方列强的入侵和国内经济基础、社会生活的变化都冲击了传统的统治秩序和人们的思想观念。在政治上，列强通过控制清政府干涉中国内政，彻底地动摇了"天朝上国"的权威，随着民族危机的加重和社会矛盾的尖锐，甲午战争失败后，国内政治改革的要求不断增强。在思想文化上，以儒家为主导的传统思想体系受到越来越多的质疑，人们的价值观念也不断发生变化，传统的"贵义贱利""重农抑商""黜奢崇俭"等观念逐渐被"义利并举""以商立国"等功利和重商思想所取代，维持传统社会秩序的伦理道德呈现出与社会发展的不适宜性，"西学"逐渐不再被认为是"夷狄"之物，而成为中国自强求富不可或缺的工具，"民主""科学""平等"等近代政治思想观念开始传播。另外，在列强的入侵和控制之下，有识之士逐渐认识到列国并立、相互竞争的国际环境和生存条件，传统的天下体系、华夷之辨逐渐被打破。

以西方列强的入侵为起点，近代中国无论是其社会内部还是面临的国际环境都发生了前所未有的变化，这些变化反映的矛盾超出了传统社会自身可以调节的限度，其中既有传统社会自身的内在危机也包含着中华民族的生死存亡。所以，鸦片战争以来，救亡成为近代社会的主题，以和谐稳定为取向的传统社会价值观转向了对国家富强的求索。

二、天下体系的破裂

美国著名汉学家列文森在《儒教中国及其现代命运》中提出，近代中国思想史的大部分时期，是一个使"天下"成为"国家"的过程❶，认为中国文化至上主义的传统，是把汉文化而不是国家或种族作为忠诚的对象，而近代中国却必须建立新的认同机制，国家观念的形成对于中国社会的近代发展起着决定性的作用，是近代启蒙思想家必须承担的社会责任。列文森强调的这一观点，似乎把天下为核心的文化至上主义与近代国家思想对立起来，但不可否认的是其基本上把握了传统中国在近代社会发展初期所面临的首要问题，即传统天下体系的破裂与近代民族国家的认同启蒙。

1. 传统的天下观念

在中国传统思想中并不缺乏"国家"，中国历史上用以表述类似"国家"观念的语词"国""邦""国家"等，可以追溯到三代时，❷ 但传统意义上的国家不是现代意义上的民族国家。在传统思想中，诸侯统治的领地

---

❶ 列文森. 儒教中国及其现代命运 [M]. 郑大华，任菁，译. 北京：中国社会科学出版社，2000：8.
❷ 姚大力. 变化中的国家认同 [C] // 复旦大学历史系. 近代中国的国家形象与国家认同. 上海：上海古籍出版社，2003：135－136.

称为国；卿大夫统治的采邑称为家；"国家"是邦国、家室的总称，用来指称皇帝统治的范围。在这种思想中，国与君没有区别，"家天下"是理所当然的国家结构。具体来说，传统的国家观念包含三个层面的含义：第一，在位的专制君主即为国家，忠君与报国是等同的概念；第二，维持着君主统系世代相承的王朝；第三，超越具体王朝而始终存在的一个政治上的共同体观念，标志着政治与文化上的正统。[1] 传统的国家思想主要着眼于封建王朝权威的维护，利用君权神授理论保证君主权力的神圣性和合法性，它强调封建专制体系内部的和谐统一，而不去探讨关于政治共同体和外部对抗的相关内容，没有管理或统治的组织概念，更没有关于主权的思想。这种以封建王朝统治为主要关注点的国家思想有着强烈的普遍性特征，它力图将君主的权威永恒并扩展到整个"天下"，所以，"得天下"成为历代统治者的共同理想，这种理想随着"大一统"思想的发展而得到加强，"天下"逐渐成为中国人共同的世界观和道德理想。

相对于"国家"来说，在传统中国，"天下"似乎是一个更为重要的概念。在传统社会，国家的最高统治者皇帝一般被称为"天子"，相应地，其统治的地域称为"天下"，"天下"观念是传统社会中居主导地位的思想观念，它一方面反映着中国人对生活于其中的世界所形成的空间想象，另一方面则承载着儒家关于社会的理想。

关于"天下"的含义可以从这两个方面来说明。第一个方面，"天下"是传统中国人对世界所形成的空间想象，这确定了世界的范围和中国在其中的位置。他们认为中国是世界的中心，也是文明的中心，所谓"天下"

---

[1] 复旦大学历史系. 近代中国的国家形象与国家认同 [C]. 上海：上海古籍出版社，2003：138–139.

即"普天之下",仿佛是以中国为中心向四周不断延伸的棋盘,地理空间越靠外缘,就越荒凉、野蛮,文明等级也越低。❶虽然在战国时期,关于自己的地理位置,已经有人开始想象到中国在地理上并不完全等同于天下,中国只不过是九州中的一州(赤县神州)。随着西汉张骞出使西域,对外交往活动开始发展,士大夫们逐渐地把地理上的"天下观"和文化上的"天下观"分开,❷但是没有动摇以"中国"为中心的传统"天下"观念,这种观念一直延续发展到清朝末年。

"中国"是"天下"的中心这一观念在传统社会得以发展和巩固,就其原因来说,一般都认为是由于人们地理知识和视野的局限导致的,因为传统中国是一个农业社会,以农业为主导的经济基础维护着社会的稳定,其自给自足的特征也使得社会呈现出封闭和保守的特征,并且由于自然科学和交通条件的落后,对外交往虽然一直存在但并没有普遍地发展起来,关于世界没有形成一个总体的认识和把握,具体的世界地理知识的有限使得空间的想象一直存在。但在中国封建社会发展过程中,虽然没有出现过像哥伦布、麦哲伦这样以发现新大陆、认识世界为目的的对外活动,但不论哪个王朝都存在与其他国家和政权之间的往来,在这种情况下,天下观念之所以能够不断地巩固,是因为"天下"代表着以中华文化为主导和核心的体系。传统中国是一个早熟的农业文明社会,以其辽阔的地域、繁荣的经济、稳定的政治统治雄踞东亚,不论在国势上还是文化上,邻国都无法与之相比,与中国往来的国家和政权大都接受着中华文化的影响,"每一种文明都有一种种族中心的世界幻象"❸,在这样的关系中,以中国为核

---

❶ 葛兆光. 古代中国社会与文化十讲 [M]. 北京: 清华大学出版社, 2002: 2.
❷ 李扬帆. "天下"观念考 [J]. 国际政治研究, 2002 (1): 105 – 114.
❸ 冯客. 近代中国之种族观 [M]. 杨立华, 译. 南京: 江苏人民出版社, 1999: 7.

心的天下体系逐渐形成和发展起来。在这样的体系中，中国居于世界的中心，代表着正统的统治和文化；而周边民族被称为四夷，居于被统治的地位，所谓"天处乎上，地处乎下，居天地之中者曰中国，居天地之偏者曰四夷，四夷外也，中国内也"❶。在这种思想之下形成了中国中心的世界秩序观，华夷之辨、夷夏之防也开始出现。

我们所说的关于天下含义的第二个方面，是19世纪中期，以"中国"为中心的世界秩序逐渐被西方的坚船利炮摧毁，但儒者心目中的天下大同的理想依然存在，❷ 在社会理想上，儒家追求的是大同之世，强调"天下为公"，在这样的理想中，天下是不存在界限的，《礼记·礼运》说，"以天下为一家，以中国为一人"。《大学》对天下大同的理想社会进行了详细的描述，"大道之行也，天下为公。选贤与能，讲信修睦。故人不独亲其亲，不独子其子，使老有所终，壮有所用，幼有所长，鳏寡孤独废疾者，皆有所养。男有分，女有归，货恶其弃于地也，不必藏于己；力恶其不出于身也，不必为己。是故谋闭而不兴，盗窃乱贼而不作，故外户而不闭。是谓大同。"❸ 这个理想的社会使得儒者们向往，他们将大同理想寄托在"天下"观念中，个体修养上以"修身"为起点，进而"齐家""治国""平天下"，政治上提出"仁政"以得"天下"，主张内圣外王，保证"大道之行"的实现。所以，在传统思想中，"天下"已经超越了地理条件和空间的限制，而包含着文化和社会的最高理想。

在传统社会，国是家的放大，天下是国家之上的大同，"齐家""治

---

❶ 石介. 中国论 [M] //徂徕石先生文集. 陈植锷, 校. 北京：中华书局，1984：116.
❷ 张灏. 梁启超与中国思想的过渡：1890—1907 [M]. 霍志海，葛夫平，译. 南京：江苏人民出版社，2005：91-92.
❸ 胡平生，张萌. 礼记 [M]. 北京：中华书局，2017：419.

国""平天下"是社会理想依次推进的三个层次，以宗法关系为基础的"家"与超越具体王朝而存在的天下观念在传统社会具有无限的凝聚力，主导着中国人的思想观念和道德理想，但近代中国却面临着一个全新的"国家"。

2. 由天下到国家

在中国传统社会，稳定的社会结构和政治统治以正统的文化为纽带形成了一个完整的"天下"体系，这一体系立足于对传统社会内部的认识，却以整个世界大同为最终的理想。在这一体系之中，封建王朝是统治的核心，家—国—天下是基本的思维逻辑，儒学为主导的思想文化在王朝更迭、国家灭亡的时候维持着"天下"的统一。"天下"体系具有明显的"无外"特征，它将所能理解到的一切都涵盖于这一体系之下，国家不是一个独立的政治单位，而仅仅是天下体系的一个环节，不断更替的封建王朝作为政治统治的核心将国家据为私有物，追求着天下的大同；在所谓的"对外"关系中，中国中心论的观点起着主导作用，它将其所能接触到的其他民族和政权都认为是蛮夷，理应在其之下，以朝贡和赏赐的内部统治的方式维持其基本的关系。这一体系反映着政治与文化的合一，但在历史的发展过程中文化的特征表现得更为明确，在这一体系之中，"中国"是一个模糊的文化概念，与政治失去了关联，更多地反映着民族文化统一的观念，它从最初的华夏民族对周边各族群的文化优越感和自信心开始发展为"华夏中心""天朝上国"，其文化特征涵盖了政治的要求。

在以农业文明为主导的传统社会，"天下"体系在一个相对优越和封闭的范围内维持着基本的秩序，为传统的中国人提供着社会和政治的最高理想，但是随着近代社会的发展，当西方国家以异质文明的形态出现在

"天朝上国"面前的时候,传统的"天下"体系开始破裂。传统"天下"体系的破裂经历了这样的两个阶段:首先,随着西方在东亚的扩张,中国中心论的世界秩序逐渐被摧毁,传统的夷夏之防、华夷之辨在西方的坚船利炮声中逐渐消失;其次,随着西方政治思想文化的传入和近代社会启蒙的发展,近代民族国家思想逐渐取代天下大同的社会理想。随着以鸦片战争为起点的一系列战争的爆发以及中国近代社会的缓慢发展,中国经历了从"天下"到"国家"的蜕变。

在近代社会,"国家"是一个独立的政治单位,是列国并立的国际政治体制的产物,中国所经历的从"天下"到"国家"的转变,一方面意味着西方国家从外部侵蚀了中国的世界秩序,中国的国际形势发生了极大的变化;另一方面则是内部民族国家意识的逐渐形成和发展。

虽然传统的"天下"体系强调中国中心的世界观,它的形成与中国"独尊"的国际地位和稳定的国际形势是分不开的,传统中国作为一个早熟的农业文明社会,在东亚这一相对独立的环境中一直都处于比较优越的地位,不论经济、政治还是文化都辐射影响周围的其他民族和政权,所接触的四邻并不能从根本上威胁其存在和发展。但是近代以来,中国所面对的已经不再是传统的蛮夷或者藩属,而是经过资本主义发展的西方民族国家,它们代表着一种新的文明形态,在政治上具有强烈的主权要求,通过经济扩张和军事侵略积极地谋求国家利益的实现。在这种条件下,封闭、稳定的国际环境被打破,传统的"天下"体系遭遇到前所未有的冲击,虽然在与西方国家交往的初期,在政治上代表中国的大清王朝仍一厢情愿地强调其作为天朝上国的威严,即使随着战争的节节败退,也仍然坚持"夷夏之防",但无法改变的现实是中国日益失去天朝上国的尊严,当《天津条约》强制地规定,"嗣后各式公文,无论京外,内叙大英国官民,自不得提书'夷'字"，使得中国对其他国家的称呼由"夷"转向了"洋"，这就意味着中国被强制地从华夷秩序推向了世界民族之林，西方国家以及近代文明的发展从外部冲击了中国传统的"天下"体系。

随着西方列强的入侵，传统中国中心论的天下体系被打破了，但晚清思想的一个有趣的特征是，在力图适应因西方扩张而形成的新的世界现实中，在一些中国士绅身上出现了一种求助于天下大同哲学观的明显趋向，康有为的天下大同理想和谭嗣同的"仁"的世界观即是这种趋向的重要组成部分。[1] 虽然存在这种趋向，但在这一过程中，民族国家意识也在开始形成，在对外交往的过程中，中国对自我和世界的认识不断增强，清朝末年以来的外交文书中关于"天朝"和"中国"等自称名词的使用反映着这一问题；另外，社会有识之士也逐渐接受万国并立的现实，开始反省中国作为民族国家存在和发展的条件。

在相对封闭的社会条件下，"天下"观念反映着传统中国人对于世界和自身的认识：以一统的观念否认与其他国家的平等和对立，而将自己置于一个相对高级的层次上。在这种条件下，"天朝"是一个典型的自称名词，但是随着对外交往的不断频繁，"大清国""中国"等这些与其他国家相区别的自称日益频繁地出现。在"天下"体系中，天子统治的地域称"天下"，诸侯统治的领地称国，卿大夫统治的采邑称家；同样，在对外关系中，"国"是清朝世界观念中低一层次的概念，清政府逐渐地把自称的名词由"天朝上国"转变为"大清国"的过程，本身就是其对列国并立的现实接受的过程，虽然这一过程包含着强烈的被动或者无意识的因素，国

---

[1] 张灏. 梁启超与中国思想的过渡：1890—1907 [M]. 崔志海，葛夫平，译. 南京：江苏人民出版社，2005：92.

家观念却逐渐明确了起来。自称名词的逐渐变化反映着自我认识和世界认识的演变，这从一个侧面反映着中国近代民族国家意识的形成过程。❶

鸦片战争以来的困境使得中国需要在观念上改变以老大自居的"天朝上国"心态，在一个扩大了的世界中重新放置中国，转换几千年来的"夷夏之防""以夷变夏"等思想。如上所述，当朝统治者在自称上的逐渐变化反映着对世界的认识，但这样的认识并不是有意识或者主动进行的，自觉地抛弃传统的天下观念，并为现代民族意识的觉醒奔走呼吁的是鸦片战争以来的社会开明之士。林则徐、魏源、徐继畲等开明的士大夫作为开眼看世界的第一代，通过介绍世界各国的史地知识、政治制度和工业技术，打开了人们的眼界，这对于破除中华文化中心论的天下观念起了重要的作用。冯桂芬、王韬、郑观应、薛福成等早期维新思想家则进一步认识到当时的世界已经由"华夷隔绝之天下，一变为中外联属之天下"❷，而中国在这个"中外联属"的世界里，没有特殊的地位，中西各国都是世界万国之一员，在独立的主权国家身份上是相同的，他们所关注的不再是夷夏关系，而是作为主权国家的中国进入近代世界后所面临的种种问题。

总之，清朝末年，随着西方国家的发展以及殖民扩张的进行，传统的天下体系被彻底地打破，中国作为一个独立的政治单位——民族国家的要求在不断地增强，这是传统社会从来没有过的现象。在传统思想中，中国就是天下，是世界的中心，其他地方都是"蛮夷"和"化外"，是围绕中

---

❶ 关于这一问题，日本学者川岛真做过相关的分析，他在《从天朝到中国——清末外交文书中"天朝"和"中国"的使用》一文中，以史料分析的方法，对19世纪以来清政府外交文书中所使用的"天朝"和"中国"两个名词的使用频率变化的分析，考察其中世界意识和国家观念的变化。见：复旦大学历史系. 近代中国的国家形象与国家认同[C]. 上海：上海古籍出版社，2003：265－281.

❷ 薛福成. 筹洋刍议变法[M]//丁凤麟，王欣之. 薛福成选集. 上海：上海人民出版社，1987：555.

国旋转和朝贡的，当西方国家胁迫中国进入近代社会的时候，中国人也被迫以陌生的国家观念取代传统的天下观念，这虽然反映着近代国际社会发展的必然要求，但对普通的中国人来说却意味着世界观和政治思维方式的转变，这一过程经历了大约一个世纪。在这其中，社会的有识之士以启蒙者的身份出现，对传统社会及其教化下所形成的民众的劣根性进行深刻的揭露和批判，宣传近代政治国家思想，进行民族国家意识的启蒙，从冯桂芬、王韬、郑观应等早期资产阶级维新派，到严复、梁启超等受到西方思想影响的维新思想家，再到以孙中山为代表的革命派，以至中国共产党人，无数仁人志士对内忧外患之下的中国人所呈现的一盘散沙、缺少爱国心和公德的社会现实深感痛惜，他们希望通过近代国家观念把中国人凝聚成一个新的共同体，民族国家的建构以及思想的传播成为20世纪中国社会和政治发展的一个主题。

3. 近代国家的基本特征

梁启超认为国家是"在一定土地之上，以权力组织而成之人民团体也"❶，它包含着三个基本的构成要素：土地、人民和权力。这三要素描绘了国家的大致面貌和基本特征，也指明了国家与传统的"天下"、国家与朝廷的区别。

首先，近代国家以地缘为基础而建立，它有明确的疆域和领土。

不可否认，土地是一个国家或者政权存在和发展的基础，历代封建王朝也都有其疆域和领土的概念，英勇善战的帝王建立或稳固政权后都希望

---

❶ 梁启超. 宪政浅说［M］//汤志钧，汤仁泽. 梁启超全集：第七集. 北京：中国人民大学出版社，2018：50.

通过拓展疆域，扩展其领土来展现其征服天下的豪情以及强大的国势，但近代国家强调土地作为基本的构成要素，它具有两方面的意义：一方面是说明国家是一个有限的"地域团体"，对外面临着其他的"地域团体"，突破了传统"天下"将土地作为人们休养生息的场所以及以中国为中心无限的空间想象；另一方面则是以地缘为基础突破了中国人在种族和民族方面的局限。从秦王朝统一全国以来，虽然政权有分有合，但在历史上，我国一直都是以统一的多民族国家的形象出现的。而清朝末年，在抵抗外来侵略的过程中，清王朝的凝聚力不断减弱，国家的救亡和国内的政治革命交相呼应，在这种条件下，共同的生活条件和共同的文化成为中华民族凝聚和发展的基础。

其次，相对于封建君主之国来说，近代国家是"积民而成"的，生活于其土地上的人民被称为国民，是国家构成的基本单位。

传统社会家国同构是一个重要特点，其中，宗族家庭作为社会最基本的单位，通过血缘关系、家法、族规行使着基本的管理权力；国家是一个放大的家族，是封建君主的私有财产，封建君主作为族长享有最高的管理权力；家庭宗族制度扩延贯穿在社会生活和政治领域之中，维护着社会秩序，而生活于其中的民众是没有独立人格的，他们分别被纳入不同的家族、部族之中，称为族民、部民或者为臣民。

近代国家成立于"国民总意"，其合法性来自国民的政治认同和参与，所以，国民是国家的基本构成分子，是从宗法关系中分离出来的非身份性的、人格独立的个体。[1]

作为国家基本构成分子的国民，其与传统的族民、臣民相区别，应具

---

[1] 汪林茂. 晚清文化史 [M]. 北京：人民出版社，2005：367.

备作为国民的基本素质和品质,这是近代国家对于国民的要求,例如,国民应具备国家观念,突破一己之私,置身于对国家发展和前途命运的思考;国民要有独立、自由、平等的意识,自觉地摆脱家族、君权、传统以及等级的制约,在思想观念和社会生活中体现出新的面貌;国民在社会公共生活和政治生活中,要树立正确的权利义务观念、公共心和责任意识,自觉地参与到国家和社会事务中。

最后,与封建社会的专制政权不同,国家权力机关以民主的形式来组织和建立。

社会基础决定上层建筑,以自然经济和宗法制度为主导的传统社会,其政治统治方式必然体现出专制的特征。自然经济的分散和对土地的依赖为宗法家族制度的发展提供了天然的条件,这使得以血缘关系为基础的等级秩序被确定下来,在两千多年的封建社会中,家国同构以扩大的宗亲等级的形式确立并维护着社会的等级制度,在被放大的家族中,君主集中代表着最高的统治权,等级、专制、集权是传统权力的主要特征。

近代国家强调"积民而成",认可国民在国家中的基础性地位,它一方面摆脱了传统宗族制度的影响,确立了国家与国民的直接关系;另一方面则说明国家权力是国民利益的集中体现,需要并鼓励国民积极地参与国家政治活动,所以,近代国家的权力体现着民主的要求,同时,国家权力的民主性也要求国民进一步形成与其相适应的素质品质和道德。

具有有限疆域和领土的近代国家,对外面对着与其他国家的竞争与协作,主权是重要的标志,争取在世界民族之林中的地位和形象是其重要的任务;对内则行使着统治和管理的权力。依据国家的基本特征来审视近代的中国可以发现,在危机和灾难的重创下,这个古老的城邦正逐渐地向近代国家转变,急迫的社会救亡使得近代"国民"的发现具有重要的意义,但现实并不乐观，民众的国家观念、公共意识以及作为国民应有的权利义务责任等观念均急需培育，这对近代中国的启蒙者提出了明确的要求。

第二节　新国与新民

鸦片战争以来，先进的中国人在认识和审视西方的过程中，认识到了自身的不足，将目光投向代表近代社会发展要求的西方，不论是统治阶级的开明分子提出的"开眼看世界"、引进西方技术装备的"制器练兵"，还是新兴资产阶级主张的"博采西学"，全面引进西方的政治思想文化以及以"立人"为主题的国民性改造活动，都反映了先进的中国人向西方寻求救国道路的努力。"国民性改造思潮"是近代启蒙运动的高潮，经历了器物和制度两个层面的努力之后，有识之士认识到近代国人在观念素质及能力方面存在的问题，"新民"和救国成为他们努力的方向。

一、近代中国社会启蒙运动的发展

西方列强的入侵把中国强制地纳入近代资本主义的发展体系中，这种外力推动下的社会发展模式缺乏充分的内部准备和动力，近代化的发展要求与中华民族急迫的救亡图存的要求与传统的社会统治、政治制度和思想观念纠合在一起，这使得近代中国社会呈现出"启蒙式"发展的特征。随着民族危机的不断加剧，近代中国的社会启蒙运动在不同的时期呈现出不同的特点。

鸦片战争结束后的近半个世纪，是中国半殖民地半封建社会的逐步形成时期，也是地主阶级的开明分子逐步把握中国和西方以及世界的关系，并初步认识和了解西方的时期，这一时期的社会启蒙的承担者主要是地主阶级的开明分子，包括龚自珍、魏源、林则徐等关注社会现实的有识之士，从统治集团中分离出来的洋务派以及从洋务派内部分化出的异端分子。这一时期，居主导地位的地主阶级改革派从维护封建统治的立场出发，冲破了传统的封闭状态，引导国人开眼看西方，并积极地引进西方先进的技术设备和自然科学知识，在国家"求强""求富"的同时，推动了社会启蒙的进行。但随着对西方了解的加深和民族资本主义的发展，洋务派内部开始分化，洋务派的一些代表认识到了西方政治制度、文化教育、社会风俗等方面的优越性，开始反思这一时期以"中体西用"为特征的学习西方的活动；❶ 反映民族资本主义发展要求的早期民族资产阶级也开始形成，他们逐步从地主阶级改革派和洋务派中分化出来，在与西方关系上形成了新的观点，突破了早期洋务运动的"制器""练兵"等政策，而在更深的层次上提出向西方学习，重视学习西方的自然科学知识、经济政治制度。这一时期是近代社会启蒙发展的萌芽时期，它是在国家危亡的社会现实逼迫下，对西方第一次认真审视的基础上发生的，虽然启蒙者缺乏应有的自觉，但在社会中产生了启蒙的效果：对"万马齐喑"的社会现实的揭露，推动开明知识分子对现实的关注，近代学风发生了转变；西方先进生产技术、军事装备和自然科学的引进，对传统的封建思想意识形成了某种冲击；在经济和军事近代化过程中，人们在价值观方面发生了一些倾向于理性主义的变化；对西方认识的不断加强，促进了对西方的全面学习。

---

❶ "西洋立国，有本有末，其本在朝廷政教，其末在商贾，造船、制器，相辅以益其强，又末中之一节也。故欲先通商贾之气以立循用西法之基，所谓其本末遗而姑务其末者。"见：郭嵩焘. 郭嵩焘奏稿 [M]. 长沙：岳麓书社，1983：345.

所以，鸦片战争之后的救亡促进了启蒙的发生，并为真正意义上的启蒙思潮的发展提供了条件。

启蒙运动的真正兴起是在戊戌维新时期。甲午战后，民族资本主义得到了进一步的发展，深重的民族危机激发了新的民族觉醒，资产阶级登上了历史舞台。这一时期，代表民族资产阶级的知识分子承担起启蒙者的角色，在内忧外患的冲击下，他们认识到救国、学习西方、变法之间的关系，主张全面地学习西方，包括军事装备、生产技术、自然科学、文化教育、政治法律经济制度等，以西学为依据，他们对封建君主专制、伦理纲常和蒙昧主义提出批判，呼吁变法改革，并试图将这种要求付诸实践，进行维新变法运动，形成了中国近代史上第一次思想解放的高潮。这是资产阶级知识分子从国家救亡图存的立场出发，自觉进行的一次思想启蒙运动，与洋务运动不同，它抛弃了中体西用的原则，不再是以维护封建君主专制统治为目的，而是要改变这种落后的政治体制，用君主立宪制度取而代之；把中国贫弱的主要原因归结于君主专制的弊端，以西方民主理论为工具对封建君主专制制度及其理论基础进行了猛烈的批判，大力提倡民权，提高人们的民主意识与参政意识；积极从事各种近代文化事业，如办报刊、办学堂、组织学会团体，翻译出版书籍等，为近代新文化的发展做了大量准备和奠基工作，并在移风易俗方面产生积极的影响。

辛亥革命前后是近代启蒙运动发展的一个重要阶段，相比戊戌维新时期，这一时期的启蒙运动呈现出许多新的特点：社会基础更加广泛，不再局限于少数士大夫和上层知识分子，而在资产阶级、小资产阶级及知识分子群体中得到广泛认同；对传统思想文化、封建伦理纲常、君主专制制度的批判更加直接和激烈，基本上摆脱了中国传统思维形式和表达方式的羁绊，体现出更加鲜明的近代色彩；对西学的引进和宣传在内容上更加丰富，涉及西方政治、经济、教育、哲学、伦理道德、文学艺术和社会风俗等方面的思想；提出改造国民性的问题，强调国民启蒙对于建立资产阶级民主共和国的重要意义。[1] 这一时期的启蒙活动仍然延续着鸦片战争以来启蒙的基本思路，在西方的思想资源中寻求有利于中国发展的因素，但是，这时启蒙者所承担的任务不再仅仅是宣传介绍西方的思想学说，并以此为工具批判传统的思想和制度，而是有明确的目标指向，即推翻封建君主专制制度，建立民主共和国，所以，对西方学说的宣传和对传统的批判都更加全面和深刻，国民性问题的讨论更是近代启蒙发展到一个新高度的重要表现，它不仅仅在于唤起广大民众为建立资产阶级的新国家而斗争，更在于它将对传统文化的批判深入到人们心理特质和民族性格的深层，从而使资产阶级民主主义思想的宣传更加具体，也更进一步起到了"唤起国民之精神"的作用。[2]

新文化运动时期，启蒙思想家以民主和科学为武器，对封建专制主义进行了全面的清算，对孔子学说和封建礼教进行了彻底的批判，继续辛亥革命时期关于国民性问题的讨论，从挽救民族危亡的角度出发，培养国民的民族责任心，但更强调自由、平等精神，突出人格独立和个性解放，"唤醒民众之最后觉悟"。这一时期是近代启蒙运动发展的高峰时期，人的解放和独立是启蒙思想家关注的核心，不论是对民主和科学的宣传，还是对孔子学说和封建礼教的批判，都贯穿着人的内在价值的凸显，中国近代启蒙运动体现出了启蒙所应有的意义。

---

[1] 彭平一. 冲破思想的牢笼：中国近代启蒙思潮 [M]. 长沙：湖南师范大学出版社，2000：124.
[2] 彭平一. 冲破思想的牢笼：中国近代启蒙思潮 [M]. 长沙：湖南师范大学出版社，2000：170.

近代中国启蒙运动，就其发生来说，是在民族危亡的条件下，先进的中国人所承担的救亡活动的重要内容，引导国人开眼看世界，去认识和了解强势的西方，进而学习西方先进的技术、制度和思想文化。在其发展过程中，启蒙者经历了由封建统治阶级的开明分子到代表近代社会发展要求的资产阶级知识分子的转变，启蒙的要求由末到本、由器物到文化不断深化，经历了技术的引进、制度的借鉴和思想文化的学习三个典型的阶段，在这一过程中，社会主导的思想文化和价值观念逐渐发生变化，民主和科学观念日益深入人心，在国家救亡的目标下启蒙运动基本实现了其自身的目的。

二、近代国民性改造运动中的梁启超

虽然鸦片战争以来社会启蒙运动都包含着对传统"人心风俗"的改造，但"近代国民性改造思潮"的发端一般认为是19世纪末维新变法运动期间，"揭示自己民族中某些优缺点，早已有之；对比中西民族间不同的国民性，把中国的国民性作为一个专门问题以引起人们注目和探讨，却始于甲午战败之际。"[1] 甲午战败打破了洋务运动以来倡导的"中学为体，西学为用"的救亡思路，深受西学影响并真正开眼看过世界的仁人志士们认识到中国不仅在器物技术层面落后于西方列强，而且在政治制度和民众素质方面也存在严重的问题，在推进维新变法的同时，一批启蒙思想家转向了对近代国民劣根性的批判与改造。相比于鸦片战争之后地主阶级改革派所倡导的"整肃人心风俗"来说，近代国民性改造运动不论是承担启蒙重任的主体、进行国民启蒙的思想武器还是启蒙的层次与深度都有明显的

---

[1] 郑云山. 辛亥前夕的国民性问题探讨 [J]. 近代史研究, 1992 (1): 23-36.

不同，在中国社会近代化发展过程中产生了广泛深远的影响。

"新民"与"立人"是近代国民性改造运动中最响亮的两个口号，前者始于甲午战争之际，以严复和梁启超为代表的启蒙思想家受到西方进化论、社会有机体论以及日本近代启蒙思想的影响，基于近代民族国家之"国—民"的关系框架，审视国人的国民素质与能力，对在传统社会生活和封建专制统治下形成的国民劣根性展开揭露和批判，以严复的"三民"思想[1]为核心，进行国民的国家意识和素质能力的启蒙，推动传统的"臣民""部民"向"国民"的转化；后者则是在辛亥革命之后，在近代资产阶级知识分子的倡导下，逐渐兴起发展起来的，围绕着近代国人的素质能力、习惯品格和价值观念等方面进行更为深刻的揭露和批判，启蒙的重点逐渐由一国之"民"转向了独立自觉之"人"，以"人自身的生命、价值、尊严作为建构近代新国民的中心任务"[2]。相比于"新民"，"立人"更多关注人之为人本身，关注人的生存、权利和自觉，发展至五四运动前后，出现了摆脱民族和国家枷锁的呼声，体现出了资产阶级个人主义价值观取向，在中国社会产生了深远的影响。但"新民"与"立人"都是在近代民族救亡的大背景下展开的，"欲新其国，必新其民"是根本的指导思想，从本质上来说，"立人"还是为了救国，对国人的"卑劣无耻退葸苟安诡易圆滑"[3]劣根性的批判和揭露还是为了培育出精神独立具有责任担当意识的新国民，只是这一时期，启蒙思想家不再囿于近代民族国家政治意义上的"国民"关系理论，而是深入到思想文化和价值观的层面上，探

---

[1] 高力克. 启蒙先知：严复、梁启超的思想革命［M］. 北京：东方出版社，2019：36.
[2] 袁洪亮. 人的现代化：中国近代国民性改造思想研究［M］. 北京：人民出版社，2005：100.
[3] 任建树，张统模，吴信忠. 陈独秀著作选：第一卷［M］. 上海：上海人民出版社，1984：153.

寻中西方的不同，并努力用近代西方个人本位的价值观矫正中国传统家国本位的整体价值观塑造出的国民劣根性，"新民"时期的"国—民"关系在这一时期转化成了"国—人"关系。

"新民"与"立人"是近代中国国民性改造运动中最为重要的两个阶段，后者是对前者的继承、深化与发展，而梁启超是"新民"运动中最为著名的启蒙思想家，是近代国民性改造运动中承上启下的关键人物，他的思想主张和文化观念在20世纪初至新文化运动期间产生了广泛的影响。

1895年，梁启超协同老师康有为组织公车上书，这是他步入政治舞台的标志，自此他投入到了近代中国轰轰烈烈的救亡和启蒙活动之中。梁启超初涉政治舞台之时，严复发表了其影响深远的启蒙文章，翻译出版了《天演论》，这对于接受传统儒家教育，胸怀济世救民理想，渴求新思想新知识，急迫寻求救国之路的梁启超产生了深刻的影响。戊戌变法失败之后，进化论和社会有机体理论成为他阐述中国社会危机及救国之道的理论依据，"国民"成了其启蒙思想的主题，他开始在"国—民"的框架中探索和思考救国之路，提出"苟有新民，何患无新制度、无新政府、无新国家"[1]，将新民作为新国的前提和基础。

严复作为近代著名的思想家和翻译家，他的学术原创性远远高于梁启超，也因此对梁进行规劝甚至指责[2]，但在新思想学说的传播、促进人的思想观念解放方面，梁启超则发挥了独特的优势，产生了更加广泛和深远

---

[1] 梁启超. 新民说 [M] //汤志钧，汤仁泽. 梁启超全集：第二集. 北京：中国人民大学出版社，2018：529.

[2] 1897年在《与严幼陵先生书》中，梁启超对严复的回信写道："数月以来，耳目所接，无非谀词，贡高之气，日渐增长，非有先生之言，则启超堕落之期益近矣。"能够看到在严复的来信中，对其学方面进行的规劝与批评。见：梁启超. 与严幼陵先生书 [M] //汤志钧，汤仁泽. 梁启超全集：第十九集. 北京：中国人民大学出版社，2018：532.

的影响。❶

首先，梁启超继承了严复首倡的"鼓民力""开民智""新民德"等陶铸国民的思想，通过创办或主编报刊、办学等方式进行传播。1896年在《变法通议》中明确提出"世界之运，由乱而进于平，胜败之原，由力而趋于智，故言自强于今日，以开民智为第一义"❷。之后在《时务报》陆续发表相关文章，呼吁通过办学校、变科举、兴学会、译书、立师范学校、发展幼学女学等方式来培育变法人才、开社会风气；1898年底，在日本横滨主持创办《清议报》，发行100期，刊发了大量"倡民权""衍哲理""明朝局""厉国耻"的文章，在传播新思想、"激发国民之正气"❸方面发挥了重要作用。

其次，撰写发表《新民说》，系统阐述了"新民"思想，在中国近代史上第一次完整塑造了一个与时俱进的崭新国民形象，引领了近代中国国民性改造运动的蓬勃兴起。《新民说》是梁启超的代表作之一，自1902年2月8日至1906年1月9日陆续发表于《新民丛报》第一号至第七十二号之"论说"栏，共20节，在其中，他论述了近代中国社会新民的急迫性与必要性，基于近代民族国家与国民的关系以及优胜劣败之理论，详细陈述了"新民"的素质结构。梁启超的心目中，新民是具有近代国家思想、公德合群意识、权利义务自由观念、自尊自治毅力品格、生利分利能力，追求进步尚武的新国民，这一国民形象树立了近代国民改造目标的模板，

---

❶ 余乃蕴. 激荡文思涌笔端——梁启超文风浅议［J］. 安徽大学学报，1988（3）：98-102.

❷ 梁启超. 变法通议［M］//汤志钧，汤仁泽. 梁启超全集：第一集. 北京：中国人民大学出版社，2018：34.

❸ 梁启超.《横滨清议报》叙例［M］//汤志钧，汤仁泽. 梁启超全集：第一集. 北京：中国人民大学出版社，2018：679.

直接引领了 20 世纪初国民改造思潮的发展方向，"几乎当时所有的先进知识分子都在不同程度上参与了这一问题的讨论；改良派的《清议报》《新民丛报》《东方杂志》，革命派的《江苏》《民报》等报纸杂志，持续不断地刊登探讨国民性格近代转换的文章，进一步完善了对"新民"这一理想新人格的设计。"❶

最后，梁启超的"新民"包含着化合中西的文化观，在 20 世纪初至新文化运动时期的文化争论中产生了重要影响，对今天我们再次思考中西文化问题依然具有重要的启发和借鉴意义。"新"与"旧"相对应，但"新民"并非是对传统国民特质的彻底革除，他认为一个国能立于世界，必定有其国民独具之特质，这种特质是"民族主义之根柢源泉"❷，在"新民"的过程中，应"濯之拭之""锻之炼之""培之浚之"，使其"继长增高，日征月迈"。但在近代列国并立、弱肉强食、优胜劣败的国际局势中，古老的中国为了谋取生存，"不可不博考各国民族所以自立之道，汇择其长者而取之，以补我之所未及"❸。这种"淬厉本有"和"采补本无"相结合的新民方式包含其调和"保守"与"进取"的文化观，与游历欧洲后直接表达出的"化合"中西的文化观一脉相承。这种文化观突破了一维文化视角的局限，在谋求救国之道学习西方的近代中国社会，明确了传统文化的意义，为近代国民性改造运动提供了价值方向的引导。

作为从传统中走出来的启蒙思想家，梁启超深受传统儒家经世致用精

---

❶ 袁洪亮. 人的现代化：中国近代国民性改造思想研究 [M]. 北京：人民出版社，2005：83.

❷ 梁启超. 新民说 [M] //汤志钧，汤仁泽. 梁启超全集：第二集. 北京：中国人民大学出版社，2018：533.

❸ 梁启超. 新民说 [M] //汤志钧，汤仁泽. 梁启超全集：第二集. 北京：中国人民大学出版社，2018：533.

神的影响，背负着济世救民的社会理想，站在近代社会发展的起点上，明确把握了近代中国救亡和启蒙的时代主题，将"新民"作为其政治、社会和学术活动的中心。"国民"是梁启超思想的核心概念，不论是在被称为"中国第一部国民教科书"❶的《新民说》中，抑或是其政治主张趋于保守倡言"开明专制"时，或者1916年撰写的《国民浅训》中，他都强调国民品格的培育在近代国家救亡和发展过程中的基础性作用，在近代国民性改造运动中，梁启超从严复手中接过了陶铸国民的旗帜，并用其犀利的文笔和睿智的思想继续阐发和宣传，一生为之努力奔走呐喊，在近代思想文化界产生了重要的广泛深远的影响，鲁迅、胡适等新文化运动的著名活动家都表达过梁启超对其产生的影响，新文化运动时期以"立人"为目标的国民改造运动在本质上是对"新民"的延续与深化，毛泽东青年时期也对梁启超的文章"读了又读，甚至可以背出来"，并将其早年从事革命活动的进步团体也命名为"新民学会"，梁启超无疑是中国近代国民改造运动中承上启下的关键人物，正如梁漱溟先生在《纪念梁任公先生》一文中说的，梁启超一生成就"独在他迎接新世运，开出新潮流，撼动全国人心，达成历史上中国社会应有之一段转变"。❷

第三节 "发明一种新道德，以求所以固吾群、善吾群、进吾群之道"

　　凡一国之强弱兴废，全系乎国民之智识与能力；而智识能力之进

---

❶ 高力克. 启蒙先知：严复、梁启超的思想革命［M］. 北京：东方出版社，2019：193.
❷ 夏晓红. 追忆梁启超［C］. 北京：中国广播电视出版社，1997：262.

退增减，全系乎国民之思想；思想之高下通塞，全系乎国民之所习惯与所信仰。然则欲国家之独立，不可不谋增进国民之识力；欲增进国民之识力，不可不谋转变国民之思想；而欲转变国民之思想，不可不于其所习惯、所信仰者，为之除其旧而布其新，此天下之公言也。❶

梁启超的"新民"包含着民智、民力、民德的全面提升，但三者之中，他最强调"民德"，认为"新道德出焉矣！而新民出焉矣！""民德"在梁启超的思想中含义比较广泛，不仅包括民众的道德，而且包括近代国民的国家思想、政治观念、道德信仰、行为习惯等价值观念与素养，其在"新民"的素质结构中居于最基础也最核心的地位，是开民智、鼓民气的内在驱动力！所以，在近代国民改造运动中，他重点阐述并积极推进了"新民德"，提出"道德革命"，倡议"吾辈生于此群，生于此群之今日，宜纵观宇内之大势，静察吾族之所宜，而发明一种新道德，以求所以固吾群、善吾群、进吾群之道"。❷

一、"道德革命"论

在梁启超的思想中，道德有形质和精神的区别，就精神层面来说，道德的本质在于"利群"❸，"有益于群者为善，无益于群者为恶"，这是

---

❶ 梁启超. 论支那宗教改革 [M] //汤志钧, 汤仁泽. 梁启超全集：第二集. 北京：中国人民大学出版社, 2018：11.

❷ 梁启超. 新民说 [M] //汤志钧, 汤仁泽. 梁启超全集：第二集. 北京：中国人民大学出版社, 2018：542.

❸ 在这一点上，他说"道德之精神，未有不自一群之利益而生者，苟反于此精神，虽至善者，时或变为至恶矣"。并举例奴隶社会不将奴隶视之为人，古代圣贤柏拉图、亚里士多德都不认为是错的，今世哲学家也不认为那是不道德的，因为它本质上是符合"利群"这一精神的。

"放诸四海而准,俟诸百世而不惑"的原则,是不变的;而"道德之外形,则随其群之进步以为比例差,群之文野不同,则其所以为利益者不同,而其所以为道德者亦自不同"。由此,他认为"德也者,非一成而不变者也,非数千年前之古人所能立一定格式以范围天下万世者也"❶。基于"利群"的本质,具体的道德规范具有变革的必然性。通过对传统社会和近代社会的观察,在近代社会条件下,梁启超提出"道德革命",以推动儒家道德的近代转型。

我国传统社会以家庭和宗族作为基本的组织单位,社会关系以血缘和有限的地缘为基础而展开,君臣、父子、兄弟、夫妇、朋友是社会关系的主要内容,这种社会关系从本质上说是一种私人关系,交往的双方总是处于某一特定的关系中,家国同构的政治组织特点又使得社会和政治关系同样被"私人化",社会秩序的维持主要是强调"五伦"的和谐。以"仁"为核心,以"亲亲""尊尊"为原则的儒家道德"列君臣父子之礼,序夫妇长幼之别",在传统社会发挥了重要的作用。但近代以来,伴随商品经济缓慢发展而出现的社会交往方式的多样化,推动了社会公共生活领域的出现,特别是国家危机的加剧而产生的救亡要求,凸显了国家和国民的关系,这使得社会关系的发展突破了传统"五伦"的限制,相应地,也要求道德从对私人关系的关注扩展到对社会公共关系,特别是个体和国家团体之间关系的关注,近代社会的变化使得传统道德类型必然产生出新的样态。

"利群"的本质特征使得传统道德类型的革新以近代中国社会为基础。

---

❶ 梁启超. 新民说 [M] //汤志钧,汤仁泽. 梁启超全集:第二集. 北京:中国人民大学出版社,2018:541-542.

如前文所述，以鸦片战争为起点，中国社会经历了"数千年未有之变局"：民族危机不断加剧，国家的存亡危在旦夕；国内政治、经济和文化的发展均呈现出新的要求，但由于内驱力不足而相对缓慢。在这样的社会中，平等、自由、民主等近代要求开始萌芽，民族危机成为最主要的矛盾，对抗西方侵略成为社会发展最首要的条件，所以，唤起自身的民族主义，促进传统封建王朝国家向近代民族国家的转型，培育国民意识，增强国民竞争实力是其中最关键的因素，在这种条件下，在社会和政治活动中，推动传统私人关系发展到以"国民—国家"为结构形式的个体和团体关系成为社会关系发展的必然要求，这种要求反映在道德上，要求"公德"的形成和发展。对比中国传统伦理和近代西方伦理，梁启超认为，中国传统伦理重视"一私人对于一私人之事"，而近代西方伦理所重者在于"一私人对于一团体之事"，前者为"私德"，强调独善其身；后者为"公德"，重在相善其群。基于对近代社会矛盾及其发展要求的认识，他强调，中国传统道德虽然发达，但重于私德，对于近代国民、国家之形成尚不完备，因此，对传统道德发动一场革命是必要的。

在中国传统思想中，"革命"特指王朝易姓，但梁启超是在西方语义的背景下来使用这一词的，在他的思想中，"革命"包含着两个方面的意思："因其所固有而损益之以迁于善"和"从根柢处掀翻，而别造一新世界"❶，相应地，道德革命也可以从两种意思上来理解：其一，强调在旧道德的基础上，进行现代性转化以适应新的社会环境变化，注重道德连续性并进而"反本开新"；其二，视旧道德为社会进步的障碍，"非改弦更张

---

❶ 梁启超. 释革 [M] //汤志钧，汤仁泽. 梁启超全集：第四集. 北京：中国人民大学出版社，2018：92.

之,则不足以致其理",以彻底变革旧道德而重建新道德。[1] 依据这两种意思,反观梁启超所提出的"道德革命"主张,可以发现他更多的是立足于儒家道德之缺的角度来提倡新道德,他批评儒家道德偏重于私德,数千年来,以束身寡过主义为德育之中心点,忽略了社会的公利公益,使得今日国民不知公德为何物,不识对于国家应承担的义务,强调为"固吾群、善吾群、进吾群"的目的,来发明一种新道德。但在提倡公德的同时,梁启超并未否定传统私德的重要意义,他说:"无私德则不能立,合无量数卑污、虚伪、残忍、愚懦之人,无以为国也;无公德则不能团,虽有无量数束身自好、廉谨良愿之人,仍无以为国也。"[2] 所以,梁启超的"道德革命"强调公德作为新道德的主要内容,也包含着对传统儒家道德的继承和转化,是一种道德革新的思想。

二、新道德即国民道德

"发明一种新道德"是梁启超通过"道德革命"提出的主张,新道德是一种相对于传统儒家道德来说更直接体现近代社会精神价值的道德类型,它包含着明确的公德要求,同时也内含着传统私德的精华。梁启超认为近代中国社会的救亡使得以"国民—国家"为结构形式的个体和团体关系开始突出,并且围绕国家救亡和近代化的目标,其伦理思想的展开主要围绕着近代国民素质品质和精神价值的形成,所以,相对于传统社会的儒家道德来说,

---

[1] 段江波. 危机·革命·重建:梁启超论"过渡时代"的中国道德 [M]. 桂林:广西师范大学出版社,2008:118.
[2] 梁启超. 新民说 [M]//汤志钧,汤仁泽. 梁启超全集:第二集. 北京:中国人民大学出版社,2018:539.

梁启超通过道德革命所发明的新道德可以称为"国民道德"。

儒家道德和国民道德是理解梁启超伦理思想的两个重要概念，二者之间既有对立又有联系。就社会秩序的维持方面来说，近代社会和传统社会的发展要求、社会基础等方面的不同使得二者的性质和要求呈现出对立，但儒家道德在梁启超国民道德思想中占有重要的地位，除了公共生活之外的个体道德修养以及特定私人关系的维系需要传统私德之外，他还将儒家道德理解为一种人生哲学，关注健全人格的形成和内在精神的提升，这是任何类型的道德都必然包含的对人类内在价值关注的内容，体现着道德应具备的超越性意义。

1903年美洲之行在梁启超国民思想的形成和发展过程中具有重要的转折意义，之前他对传统道德展开批判，倡言"公德"，其后他批判性地回归到中国传统道德。思想的这一转变反映着其对道德理解的深化，同时也明确了其国民道德的具体内容。

首先，公德是梁启超国民道德的重要内容。与传统社会的民众相比，国民与近代民族国家联系密切，其身份在与国家这一公共政治团体的关系中得以界定，所以，公德是近代国民所必须具备的品质要求。但梁启超认为以宗法和血缘关系为基础的儒家道德不具备形成国民公德的能力，流亡期间，受到福泽谕吉、中村正直等日本启蒙思想家的影响，并在接触西方学说的过程中，认识到中国传统道德的问题与缺失："吾中国道德之发达，不可谓不早。虽然，偏于私德，而公德殆阙如。""中国之五伦，则惟于家庭伦理稍为完整，至社会、国家伦理，不备滋多。"[1] 这使得在民族危机当

---

[1] 梁启超. 新民说 [M]//汤志钧，汤仁泽. 梁启超全集：第二集. 北京：中国人民大学出版社，2018：539.

头的近代，国民表现出明显的爱国心不足、自治力微弱的缺陷，国民不懂独立、自由、自治和自尊，缺乏进取冒险、刚毅勇武之精神，呈现出"愚陋、怯弱、涣散、混浊"的精神面貌，导致政治不进、国华日替。所以，在梁启超的国民道德思想中，以国家思想为中心的"公德"是其首先强调的内容。

梁启超的公德主要关注的是作为国民的个体和国家之间的关系，表现为近代国民所应具备的素质和品质，具体包括这两个方面的内容：其一，国家思想和爱国品质，这是近代国民所应具备的最基本的要求，是世界民族竞争中对国家主权的整体认识以及由此而产生的爱国情感。依据近代国家学说，国民是国家的基础，"国者积民而成，舍民之外，则无有国"，国民在个人和国家、国家和朝廷、国家和外国以及国家和世界等关系的比较中形成清晰的国家观念和意识，对于长期处于天下体系中的中国人来说具有重要意义。其二，近代政治活动中，国民的政治道德是公德在内政方面的重要表现。近代政治是在反封建的基础上发展起来的，包含着强烈的民主取向，国民在国家政治活动中居主体地位，具有参与国家事务的权利与义务，但长期封建专制及其教化下的民众以国家为"一家之私产"，以国事为"一家之私事"，缺乏参与政治事务的自觉和能力，所以，梁启超强调，通过启蒙培养国民独立自由的人格品质、权利义务思想、进取冒险精神、自治能力和公共观念。

其次，梁启超说"私德者，人人之粮，而不可须臾离者也"，强调私德在国民道德中的重要地位。当梁启超开始正面地论述私德时，其思想已经经历了对传统道德的批判，但这里他却认识到"今日所恃以维持吾社会于一线者何在乎？亦曰吾祖宗遗传固有之旧道德而已"[1]。由倡言公德到强

---

[1] 梁启超. 新民说 [M] //汤志钧，汤仁泽. 梁启超全集：第二集. 北京：中国人民大学出版社，2018：644.

调"祖宗遗传之旧道德",不可否认,这一转变受到了其在美国社会见闻的影响,使其对西方学说失去了原有的信任,而转向发现中国传统思想的价值。但仔细分析其关于公德和私德的具体思想可以发现,梁启超关于二者的论述立足点是不同的:近代社会,当中国作为一个独立的主权国家参与国际竞争时,国内社会秩序的维持、团体凝聚力的维系,使得公德建设具有急迫性;但当从国民个体的角度来看待公德意识的养成问题时,私德的重要意义就凸显出来,"聚群盲不能成一离娄,聚群聋不能成一师旷,聚群怯不能成一乌获。故一私人而无所私有之德性,则群此百千万亿之私人,而必不能成公有之德性"[1]。个体的私人道德修养对于公德品质的形成具有基础性的意义,所以他感慨道:"欲铸国民,必以培养个人之私德为第一义。"[2]虽然其思想的前后有倡言公德和强调私德的不同,但在其公德思想中,即使对造就近代国民劣根性的传统道德最激烈的批判中,他也没有彻底否认个体道德修养所具有的价值,同样,美洲之行归来后,他开始重新发现传统文化和道德的意义,但在社会和国家的层面,他依然强调国民的公共责任心和道德,依然从事国民的启蒙和培养工作。[3]

对私德的强调并不意味着梁启超一概肯定传统道德,其关于私德的论述主要是围绕儒家道德修养理论而展开的,他将"正本""慎独"和"谨小"作为私德的宗旨,将"报恩""明分""虑后"作为中国道德之大原,表现出对阳明心学的偏爱。

---

[1] 梁启超. 新民说 [M] //汤志钧, 汤仁泽. 梁启超全集:第二集. 北京:中国人民大学出版社, 2018: 633.
[2] 梁启超. 新民说 [M] //汤志钧, 汤仁泽. 梁启超全集:第二集. 北京:中国人民大学出版社, 2018: 633.
[3] 《国民浅训》是梁启超这一时期最典型的一篇文章,他用通俗的语言解释何为爱国、何为立宪、自由平等的真实内涵、公共心与自治、乡土观念对对外观念的冲突以及国民对国家的义务等。

作为近代著名的启蒙者，梁启超对中国社会有着深刻的认识，他寻求"群治不进"之原因，提出"新民之道"，批判国民劣根性，要求从西方、日本等国采补种种国人所欠缺的品德，其"公德"思想在近代社会启蒙的发展过程中产生了重要且深远的影响；作为从传统中走出来并深切体认传统精神之意义的思想家，他表现出了与传统思想之间的连续，在道德问题上，从个体的角度分析道德发生的内在机制，汲取儒家修养理论之精华，其关于"私德"的思想同样具有自身的价值，"公德"和"私德"构成了梁启超国民道德思想的重要内容。

在轰轰烈烈的救亡活动中，梁启超思考着中国社会的转型问题，在近代社会发展的起点上，提出"发明一种新道德"，其思想包含的对近代发展以来中国社会和道德转型问题的深层思考，"以觉世始，以传世终"，[1]梁启超在近代思想史上独特的形象和历史定位，吸引着后学者对其思想的研究和发掘。

---

[1] 夏晓虹. 阅读梁启超 [M]. 北京：生活·读书·新知三联书店，2006：8.

第二章 公德与私德：
梁启超国民道德的核心

私德和公德这对概念最早是日本学者福泽谕吉提出的，他说"凡属于内心活动的，如笃实、纯洁、谦逊、严肃等叫作私德"，"与外界接触而表现出社交行为的，如廉耻、公正、正直、勇敢等叫作公德"。[1] 在流亡日本期间，梁启超接受了这一思想，但当他以此来审视近世中国道德问题时，则对这组概念做出了调整，赋予它们以中国式的理解。在梁启超的伦理思想中，这对概念代表着他对近代国人道德问题的深刻准确的观察，也集中体现着其审视古今、融合中西的道德观。本章作为全书的预备性讨论的部分，主要基于私德和公德区分的不同立场，对梁启超关于二者的理解做一简单的梳理分析。

第一节 道德的意义

不论私德还是公德都属于道德的范畴，在探讨二者的区别之前，明确

---

[1] 福泽谕吉. 文明论概略 [M]. 北京：商务印书馆，1960：77.

道德和伦理的关系是非常重要的，这关系到对道德本身的理解以及在道德生成过程中伦理的意义和作用。

一、道德与伦理

"伦理"和"道德"是一对有着密切联系的概念，它们都关乎人们行为品质的善恶正邪，乃至生活方式、生命意义和终极关切，所以，在一般的意义上，这两个概念大致相同，经常可以互相换用。[1] 但近些年来有些研究者主张厘清二者的关系，[2] 他们大多从词源和语义的角度来区别二者，具体来说：其一，在汉语的语境中，"伦"本义为"辈"，引申为人际关系，而"理"本义为"治玉"，引申为整治事物的纹理，进而引申为规律和规则，郑玄注"伦理"曰："伦，类也；理，分也。"由此可知，"伦理"的本义为"人伦之理"，即血缘亲属之间的礼仪关系和行为规范，现代学者整合汉语中的"伦"与"理"之义，将"伦理"定义为处理人们相互关系应遵循的原则和规范。"道"本义为道路，《说文》（《说文解字》）曰："道，所行道也。"引申为规律和规范，与"理"的意义相同；"德"在古代汉语中有两种含义：（1）"德"字在《卜辞》中为"值"或"悳"，从直从心，心性正直即为"德"。（2）"德"又与"得"相通，如

---

[1] 何怀宏. 伦理学是什么 [M]. 北京：北京大学出版社，2002：9. 关于这两个概念，罗国杰教授认为，"'伦理'和'道德'的词源含义虽然不尽相同，但大体上是相通的"。"无论在中国还是外国，'伦理'和'道德'这两个概念，在一定的词源含义上，可以视为同义异词，指的都是社会道德现象。"见：邹渝. 厘清伦理与道德的关系 [J]. 道德与文明，2004（5）：15-18.

[2] 王海明. 伦理学原理 [M]. 北京：北京大学出版社，2009；王小锡. 道德、伦理、应该及其相互关系 [J]. 江海学刊，2004（2）：196-199；邹渝. 厘清伦理与道德的关系 [J]. 道德与文明，2004（5）：15-18；尧新瑜. "伦理"与"道德"概念的三重比较义 [J]. 伦理学研究，2006（4）：21-25；钱广荣. "伦理就是道德"质疑——关涉伦理学对象的一个学理性问题 [J]. 学术界，2009（6）：95-102.

"德者，得也"（《管子·心术上》），朱熹在《四书章句集注》中也承袭了这种诠释："德者，得也，行道而有得于心者也。"[1] "道""德"合在一起，一般被理解为由于遵循规则和规范而获得的东西，"道德"通常用于表述主体内在的品质和修养。其二，在西方语境中，"伦理"（ethic）源自希腊语的"ethos"，指"风俗""习惯""习俗"；罗马人征服了希腊，用拉丁语中的"道德"（moralis）作为"ethics"的对译；英语中的"moral"又来源于"mores"，表示"传统风俗""习惯"等意思，在词源上，它们是同义的，都与习俗、习惯和风俗相关；但在后来的演变中，来自希腊的另一语汇"virtue"同"moral"发生更紧密的联系，"virtue"又是指私人的德性的，"moral"一词便同私人生活有了较多的联系，"ethic"一词慢慢地主要用在交往方式与规范的方面。[2] 所以，就词源和语义来说，无论是在中国还是后来的西方，"伦理"和"道德"都有关系，但也有区别，前者一般指客观的、外在的规范，后者则偏重生命个体的内在心得和体悟。

关于伦理和道德，在语义和词源的理解方式外，还可以从它们作为生活规范的角度来认识。在这种意义上，伦理与道德共同的基本意义是通过习惯而得来的东西，是人在实践事务上通过行为的习惯而形成的稳定的状态或品质、品性。[3] 虽然二者有共同的意义，它们之间仍然存在明显的区别。伦理已不是传统的"人伦之理"，而被理解为"在交往中可以相互提出的那些有效性要求"[4]，作为生活规范，它追求正当与合宜，强调在主体

---

[1] 尧新瑜. "伦理"与"道德"概念的三重比较义 [J]. 伦理学研究，2006（4）：21–25.
[2] 廖申白. 论公民伦理：兼谈梁启超的"公德"、"私德"问题 [J]. 中国人民大学学报，2005（3）：83–88.
[3] 廖申白. 伦理学概论 [M]. 北京：北京师范大学出版社，2009：19.
[4] 廖申白. 论公民伦理：兼谈梁启超的"公德"、"私德"问题 [J]. 中国人民大学学报，2005（3）：83–88.

间的普遍约束力;而道德的核心在于品质与善,"作为规范则主要基于个体对自身完满性的追求而发生作用,只诉诸个人的心性,具有个体性的独特性质"❶。基于它们所追求的价值目标与发挥作用的不同方式,二者的差别可以从以下方面来说明:❷第一,伦理是述说一个人与其他人的关系的规范,其准则、规范和被视为恰当的态度都发生于相互的关系,具有一定的"外在性";而道德是一个人内心所重视和恪守的准则与价值。第二,道德的有效性是个人性的,是一个人对于自己,而不是可以相互提出的有效性要求;而伦理最重要的性质就是它的相互性,其规范要求在交往关系的双方面起作用。第三,作为一个人对自身的有效性要求,道德不像伦理的要求那样具有准强制性,交往伦理的要求表现的好像是命令,而道德对一个人表现的则是听由他自身去决定和实践的东西,具有主观性、主体性。

有人说:"伦理与道德的区别源于它们各自与现实社会生活关系不同:伦理与现实的社会生活有直接的联系,没有离开现实的社会生活的伦理;而道德作为个体自我完善的自由追求,与现实的社会生活的关系相对间接。"❸这一观点是值得重视的,因为在以交往为基础的群体生活中,基于习惯和习俗必然产生相互性的伦理规范要求,而道德作为主观的体悟和内心的品质则是主体基于这种伦理生活而形成的,相比于直接描述社会生活的伦理来说,它确实是间接的。这一观点也说明在区别的意义上,伦理是道德生成的基础。

---

❶ 韩升. 伦理与道德之辩正 [J]. 伦理学研究, 2006 (1): 90 – 92.
❷ 廖申白. 伦理学概论 [M]. 北京: 北京师范大学出版社, 2009: 21 – 22.
❸ 韩升. 伦理与道德之辩正 [J]. 伦理学研究, 2006 (1): 90 – 92.

二、道德生成的基础

"德者得也,得其道于心而不失之谓也。"[1] "德"是主体基于"道"而逐渐形成的内心体悟和获得。在传统思想中,"道"被理解为万物的本体、普遍的规律或准则,是主观或客观的先验存在,但"道不远人",它贯穿在人类的生活世界之中,体现为人们生活和交往应遵循的"理",具有典型内在性和主体性的道德与具体的伦理生活有着密切的关系。从道德修养的工夫过程来说,伦理是道德的基础。

"伦理与现实的社会生活有着直接的联系",它是社会生活和交往过程中处理人与人之间的相互关系时所应遵循的道理和准则,从应然的角度为现实的生活和人们之间的关系提供着秩序和规范。虽然在中国传统思想中,伦理都有着至善的本原,但就其产生的现实基础来说,它与人们的生活和交往实践是密不可分的,是基于社会生活和交往关系所形成的规范性要求。所以,在不同的社会生活条件下,基于不同的交往关系和秩序要求,伦理规范会呈现出不同的要求。在血缘宗法社会中,父子、夫妇、长幼、君臣和朋友"五伦"基本涵盖了人际关系的主要内容,其中,每一个人的角色和身份都是特定的,他们之间的伦常关系也是明确的。为了社会秩序的和谐与稳定,"父子有亲、夫妇有别、长幼有序、君臣有义、朋友有信"是基本的要求,在具体的规范中体现为,"父慈子孝""夫义妇顺""兄友弟恭""君仁臣忠"等,这是典型的私人交往伦理,血缘和有限的地域关系明确了交往关系双方的身份和地位。在当代社会中,社会生活与政

---

[1] 朱熹. 四书章句集注 [M]. 北京:中华书局,2011:91.

治结构都有巨大的变化，人们之间的交往不再囿于血缘亲属关系和有限的地域限制，而呈现出公共交往的要求，人与人之间的关系也呈现出复杂化特征。例如，在血缘亲属为基础的特定私人交往关系之外，非特定对象的陌生人之间交往开始增多；在政治国家范围内，国不再是"一家一姓之私产"，而是国民之公产，作为国家基本要素的国民，其相互之间及与国家团体之间的关系呈现了出来；即使在家庭关系中，"家庭的成员之间同时存在着两种基本的关系：血缘关系与作为公民的关系"，虽然"由血缘关系确定的相互关系是基本的关系"。[1] 这种条件下，在传统的私人交往伦理之外必然产生出新的公共性交往的伦理与规范要求。

基于不同的伦理生活所形成"体悟"与"内在心得"也必然是不同的。在传统的私人社会和狭隘的交往生活中，对"慈""孝""义""顺""友""恭""仁""忠"规范的践行过程中，逐渐地把这种外在的伦理规范内化为主体的修养与品质，由于它来源于私人生活伦理，反过来也能在私人交往关系中表现出恪守准则与规范的自觉，这种"德"被称之为"私德"。在成熟的公共交往伦理生活过程中，基于交往方式的稳定，人们对于应遵循的伦理规范有明确的认识，在长期的社会生活中，对于遵守这种规范的意义和目的也逐渐变得清晰，同样也会将其内化为内心自觉恪守的价值准则，这种内心的"获得"是基于公共交往伦理基础而形成，包含着对于公共生活和伦理规范的理性认识与情感，被称之为"公德"。"德"是在长期的伦理生活基础上形成的主体内在的稳定的品质或品性，私德和公德在主体方面来说是相通的，二者区别的产生在于伦理生活基础的巨大差异。

---

[1] 廖申白. 公民伦理与儒家伦理 [J]. 哲学研究, 2001 (11): 67-74, 81.

作为道德生成的伦理基础，其完备与否决定着道德的发育程度。在私人交往伦理极其完备的传统社会，中国人的道德修养不可谓不深；然而近代以来，在外力的推动下，中国社会开始了急剧的转型，社会生活和交往关系迅速突破了传统的私人交往范围而呈现出新的态势，但由于缺乏充分的内部驱动力和准备，公共生活和交往的基础并没有发展起来，与此相应的公共交往伦理也没有得到充分的发育。在这种条件下，虽然民族危机不断加剧，但国人的国家意识、公德观念很难树立起来。深受西学影响的开明之士热切地致力于国民道德的启蒙，但在社会公共交往生活和交往伦理真正完备之前，民众层面上的新道德发育的结果并不乐观。

朱熹说："道者，人之所共由，德者，己之所独得。"突出了道德所具有的个体性和主观性，的确，在与伦理相区别的意义上，道德是个体内在的修养与品质，是在践行伦理规范的过程中形成的稳定状态和品性。这种内在的稳定的道德不是抽象的，它在具体的实践中表现着主体所恪守的价值准则与修养品质，并且基于社会生活和交往的形式与范围的不同，出现了私德和公德的区别。

第二节　私德与公德的界定

在当前的研究领域，对于道德可以被区分为私德和公德形成了一致的认同，二者区分的标准及各自的内涵却并未形成统一的认识，本节主要对不同标准区分的私德和公德做一简单梳理，以理解梁启超关于私德和公德的基本立场。

一、善己之德与交往之德

日本著名思想家福泽谕吉在其名著《文明论概略》中，依据是否与交往关系相关，将道德区分为私德和公德，认为"凡属于内心活动的，如笃实、纯洁、谦逊、严肃等叫作私德"，"与外界接触而表现于社交行为的，如廉耻、公平、政治、勇敢等叫作公德"[1]；前者是内在的、对己的、非交往性的，是个体内在的修身之德；而后者则体现在社会生活和交往关系中，是个体在践行交往伦理的过程中逐渐发展出的。关于私德和公德，除了这种界定之外，福泽谕吉并未展开对其内涵的深入讨论。[2] 虽然如此，但其对私德的理解，与儒家学说中自我约束型的善己之德无疑是相同的，而与社会生活和交往相关的公德，在19世纪、20世纪之交的日本，主要是指个人对公共秩序及社会其他成员所应有的责任和爱心，包含着对社会生活中的其他人或者公共场所和集体利益应有的态度与举止，社会伦理的意味较为浓厚，而政治伦理、集体主义的色彩相对淡薄。[3] 与福泽谕吉对私德和公德的界定类似，当代中国学者也有依据这一标准对私德和公德进行区别的，例如"私德的根本内涵是道德主体的内在德性，它主要是一种个体道德而非关系道德"，"公德即社会公共生活中的道德，它可以称为公共生活道德、社会道德、交往道德、人际道德等。"[4] "私德就是个人品德，即在一定社会生活中起一定社会作用的个人，为自我实现、自我完善而具

---

[1] 福泽谕吉. 文明论概略 [M]. 北京：商务印书馆，1960：77.
[2] 关于私德和公德的区分，在福泽谕吉的思想中并不是重点，这是他在论述"德"和"智"的不同，并强调"智"比"德"重要的观点中提出的。
[3] 陈弱水. 公共意识与中国文化 [M]. 北京：新星出版社，2006：9-12.
[4] 廖小平. 公德和私德的厘定与公民道德建设的任务 [J]. 社会科学，2002 (2)：57-60.

备的并适应一定社会利益关系客观要求的道德素质和指导自身行为选择的内心道德准则的总和","自己在与他人的关系中追求、体现的德性称为公德"。❶

这种基于一己之对内和对外的不同来区分私德和公德的观点,对道德的理解是狭义的,即是在与伦理相区别的意义上来说的,是发之于主体内在的自觉和品质;在这里,私德和公德在性质上是相同的,其中作为交往之德的公德在具体的生活实践和交往关系中体现着主体内在恪守的价值准则和要求,二者的区别在于应用的范围不同。

二、"私人交往"之德与"公共交往"之德

从交往层面上来说,基于社会生活领域和交往关系的不同,主体所应遵循的规范准则也是不同的,基于不同的伦理实践,形成的主观之德也是不同的;所以,以社会生活领域的公私之分为基础,道德被区分为私德和公德,私德是在私人生活领域的交往主体间的道德要求,是处理"一私人对一私人"的交往关系时的道德;而公德则是对个人在公共领域中行事的道德要求。

关于私人生活领域和公共生活领域,"传统社会认为官方的力量管辖或渗透到的领域属于公共生活领域,非官方直接管辖或官方的力量渗透不到的领域属于私人生活领域。但是,现代社会更趋向于以家庭作为划分公

---

❶ 马奇柯. 社会公德、职业道德、家庭美德、个人品德关系论析[J]. 学术交流,2008(2):47-50.

私领域的分界。"❶ 这种以家庭为分界的划分方式对中国社会来说具有特别重要的意义，因为"家国一体"的传统社会，一己之外都可以被理解为公，"公"可以是家族、宗族或者国家，它本质的含义是以血缘亲属关系为基础的整体，公私之间的界限是非常模糊的。近代以来，伴随着社会的转型和发展，社会生活和交往逐渐突破了传统的血缘宗法关系，与传统的狭隘的交往生活不同的公共生活领域开始出现，在这种公共生活领域中，交往双方不再具有特定的身份地位，也不再遵循传统的伦理纲常，平等、独立、自由的个体基于公共生活所形成的共识提出相互性的要求和规范。公共生活领域的拓展并没有否定家庭生活的意义，只是二者之间的界限开始明晰，公共生活领域向所有人开放，而私人生活领域则具有特殊的私密性，同时，家庭成员的身份和社会成员的身份也必然包含着不同的道德要求。

从交往的层面上来区分私德和公德时，当前的研究者大多强调不同社会生活领域中的交往行为应遵循的伦理和规范要求。如前文所述，作为生活规范，道德与伦理存在着不同，道德的有效性在于个人，它是个体内心所恪守和认可的价值准则；而伦理则是交往生活中的相互性要求，具有一定的外在性和准强制性。当我们从交往性规范的意义上来认识私德和公德时，这里的道德是广义的，它包含着伦理。

除上述两种区分私德和公德的方式之外，在近代中国特殊的社会背景和条件下启蒙思想家大多根据群己的关系来界定私德和公德，在这种理解方式中，所谓私德也就是中国人自古以来强调的个体的德行修养，而公德

---

❶ 张建英，罗承选，胡耀忠. 公德与私德概念的辨析与厘定 [J]. 伦理学研究，2010（1）：81-86.

表现为以"爱国心"为代表的利群之德。"利群"的公德在近代中国启蒙和救亡的发展过程中发挥了重要的影响,但这种具有强烈集体主义特征的公德却是抽象的,因为近代社会中的群和国不再是传统意义上以"公"为代表的整体,而是在公民或国民的公共生活和交往基础上而形成的公共团体,"利群"之目的的真正实现,离不开作为每个个体在社会生活中与一般的、匿名的"他者"之间的公共交往伦理的完备。

总之,在私德和公德的区分中,道德主体的身份、行为目的的利益指向和生活领域的不同,使得二者的内涵和意义呈现出区别,私德"是个人以私人身份与他人的交往中体现的德性,在私人领域行为中体现的德性","在利己行为中体现的德性",而"公德主要是个人以社会成员身份与他人的交往中所体现的德性",是"个人在公共场域的行为中体现的德性","在利他行为中体现的德性"。[1]

第三节 梁启超的私德与公德

在近代中国,梁启超提出了私德和公德概念,并指出"我国民所最缺者,公德其一端也",产生了重要且深远的影响,但他是以什么标准来区分私德和公德的?在他的标准之下,二者的意义分别是什么?围绕这些问题,本节主要梳理分析他对这对概念的理解。

---

[1] 张建英,罗承选,胡耀忠. 公德与私德概念的辨析与厘定 [J]. 伦理学研究,2010 (1):81-86.

一、私德与公德之观点

关于私德和公德，梁启超说：

道德之本体一而已，但其发表于外，则公私之名立焉。

人人独善其身谓之私德，人人相善其群谓之公德。

一私人之独善其身，固属于私德之范围，即一私人与他私人交涉之道义，仍属于私德之范围也。

旧伦理所重者，则一私人对于一私人之事也。新伦理所重者，则一私人对于一团体之事也。

公德者何？人群之所以为群，国家之所以为国，赖此德焉以成立者也。（《新民说·论公德》）

夫所谓公德云者，就其本体言之，谓一团体中人公共之德性也；就其构成此本体之作用言之，谓个人对于本团体公共观念所发之德性也。（《新民说·论私德》）

在对二者的理解中，首先，他从与伦理相区别的意义上，提出私德和公德，前者"独善其身"，后者"相善其群"，在这一层面上，"德"具有主体性和内在性，体现着狭义的内涵。其次，他又对道德做出了广义的理解，使之包含着伦理，把"一私人与他私人交涉之道义"划归到私德的范围中，相应地，公德关注的是"一私人与一团体交涉之事"。梁启超在对二者的这种区分中，赋予了私德较多的内容，而公德则因为"利群"之目的，而被定位在"爱国心""公共心"的层面上，获得了相对狭隘的意义。

具体来说，他的观点包含着两个层面。

第一，独善其身之德与相善其群之德。

关于私德和公德的区分，梁启超受到了日本近代启蒙学者福泽谕吉的影响，接受了他的部分观点，他理解的私德，第一层面也是从道德修养这种意义上来说的，他举例说，"如《皋陶谟》之九德，《洪范》之三德，《论语》所谓温良恭俭让，所谓克己复礼，所谓忠信笃敬，所谓寡尤寡悔，所谓刚毅木讷，所谓知名知言；《大学》所谓知止慎独，戒欺求慊；《中庸》所谓好学力行知耻，所谓戒慎恐惧，所谓致曲；《孟子》所谓存心养性，所谓反身强恕。"❶ 这些道德要求从本质上都是同个人的慎独、反省的生活相关的，其目的在于个体内在的修养提升，他特意强调这里所形成的"私人之资格"，是"不与他人交涉之时"，突出私德是存在于内心的东西，"自我完善"是其核心和本质的要求。

与追求我自道德完善不同，梁启超认为"公德"围绕着"一群之公益、公利"，是"群"之存在和发展对个体所提出的道德要求，所以，公德在于"利群"，是"一团体中人公共之德性"或"个人对于本团体公共观念所发之德性"❷，体现固群、善群、进群之道。他对公德的这种理解与福泽谕吉的观点有着明显的不同，所强调的是个体应具备的团体观念，例如国家思想、公共心等，体现出了其"公德"的局限性。这与他所关注的国民的一盘散沙、自私冷漠的劣根性有着密切的关系，认为只有民众具备了群的观念，意识到国家的存在对于自身的意义，才能摆脱"私"投入国

---

❶ 梁启超. 新民说 [M] //汤志钧，汤仁泽. 梁启超全集：第二集. 北京：中国人民大学出版社，2018：539.

❷ 梁启超. 新民说 [M] //汤志钧，汤仁泽. 梁启超全集：第二集. 北京：中国人民大学出版社，2018：633.

家的救亡中。

在这一层面上，梁启超以一己之身为立足点，以对内和对外来区分私德和公德，前者强调对内的修身养性，关系到自我完善和提升，后者则围绕一己与团体关系。在这种理解方式中，私德无疑体现着道德的本意，但公德却显得过于笼统：固然每个人的存在都离不开"群"，但族群和国群有着明确的不同。其实在中国人的观念中，"群"是存在的，家庭和家族是个体最能直接接触到的"群"，它是以血缘关系为基础的，在社会层面上，朝廷、国家及天下都是家的扩展和延伸，在这种群体生活中，中国人同样形成了"公"的意识，但毫无疑问的是，这种"群"和"公"不是梁启超所要求的。在他的思想中，"群"特指国家，"公"指基于对国家的认识所形成的公共观念和爱国意识，但他并没有立足于近代国家所依赖的公共交往基础来分析"公"的本质，所以，他的公德概念强调了"群"存在的价值，凸显了"群"的整体意义，却忽略了"群"所依赖的公共交往生活和基础。

第二，"私人交涉"之德与"公人交涉"之德。

当梁启超从"独善其身"的角度来理解"私德"的时候，与他人交往的规则和相互有效性的要求当然应归于公德的范畴，而不属于私德的范围。❶ 但他的思想并非如此。在对中国传统伦理和近代西方伦理的比较过程中，他提出"旧伦理之分类，曰君臣，曰父子，曰兄弟，曰夫妇，曰朋友；新伦理之分类，曰家族伦理，曰社会（即人群）伦理，曰国家伦理。旧伦理所重者，则一私人对于一私人之事也。（一私人之独善其身，固属

---

❶ 廖申白. 论公民伦理——兼谈梁启超的"公德"、"私德"问题［J］. 中国人民大学学报，2005（3）：83-88.

于私德之范围；即一私人与他私人交涉之道义，仍属于私德之范围也。）新伦理所重者，则一私人对于一团体之事也"❶。根据这一理解，在交往的层面上，他以交涉对象为标准将私德和公德分别定义为私人生活伦理和公共生活伦理，前者指的是传统私人之间的交往所应遵循的规范和准则，例如父慈子孝、夫义妇顺、兄友弟恭、朋友有信，等等；而后者则用于说明作为个体的私人对于团体、国家或公共交往生活应具备的观念和态度以及在群体活动中所遵循的规范和要求。在此意义上区分私德和公德，所强调的依然是个体对于团体特别是国家所应具备的公共观念和合群意识。梁启超认识到传统的交往伦理，不论是以父子、兄弟、夫妇关系为代表的家庭伦理还是以朋友为代表的社会伦理或者是君臣反映的国家伦理，关涉的都是身份地位特定的私人之间的交往，而他所强调的是作为国民的个体与代表国家或团体之间的交往，如果用人格比拟的话，则是私人与"公人"之间的交往关系，这与传统社会中主要的交往关系有着本质的区别；而在中国人的观念中，这种私人交往中应遵循的规范与准则是明确的，与"公人"交往的伦理则严重缺失。

依据这种理解方式，"私德成为一个意义过于广泛的概念"，同时也"赋予了公德的概念过于狭隘的意义"。具体来说❷，其一，借鉴福泽谕吉关于私德的理解，梁启超将私德理解为善己之德，但当他基于对特定私人交往关系的理解而将其中的规范与准则纳入到私德的范畴之中时，私德就不能单纯地被理解为个体的道德修养，也包含着交往中的伦理，这种包含

---

❶ 梁启超. 新民说 [M] //汤志钧，汤仁泽. 梁启超全集：第二集. 北京：中国人民大学出版社，2018：539.
❷ 廖申白. 论公民伦理——兼谈梁启超的"公德"、"私德"问题 [J]. 中国人民大学学报，2005（3）：83-88.

着伦理的泛义的道德,"失去了梁启超本来希望它具有的分析意义"。狭义上的道德是主体在践行伦理生活的基础上所形成的内在心得和体悟,与主体的情感和修养相关,表现为境界与品质,是一个人内心世界的价值准则;这种具有主体性和内在性的道德无疑是"私德",但当这种"德"是人们在公共生活和交往过程中,基于对交往伦理的理解与践行而形成的,并能反过来使主体在公共生活中表现出应具备的自觉和品质时,则可以被称为"公德"。不论交涉对象是"私人"还是"公人",伦理与狭义上的道德都有着重要的区别,但梁启超并未对这一点给予关注,他出于理解的习惯及其对传统与近代社会生活不同的认识,而将这种私人交往的伦理归入私德的范围,改变了对"德"的理解方式。其二,在公共交往的领域中,基于近代中国社会的形势,梁启超关注的更多的是"一私人对于一团体之事",他的公德所描述的是一私人和一团体的交涉之道义,但是,"私人同一社团的关系并不是公共关系的普遍形式。公共交往关系的普遍形式是一个私人同他所不相识的人的交往关系。甚至私人同社团的关系,也是在他同其他私人的关系中产生的。"梁启超虽然重视"群",但对于"群"的公共性如何产生并没有清楚的认识,公共性的交往关系并未进入他的思想,这使得公德成为一个狭隘的、抽象的概念。

梁启超关于"私德"和"公德"的界定对近代道德启蒙发挥了重要的作用,在当前道德建设中依然有广泛的影响,但基于他对道德的理解以及中国人关于私人交往的普遍性观点,其思想仍有可议之点。首先,他没有明确私德和公德的区分标准,依据他的主张,这个标准是双重的,既包含着一己之对内与对外,又依据交涉对象的不同,这使得他对于私德和公德的理解都不准确,不能把社会生活中普遍存在的私人交往关系明确地归入私德或者公德的序列中。其次,把交往的伦理纳入道德的范畴中,这使得道德生成的伦理基础被隐藏了起来，这一层面的消失使得他在谈论近代国人道德问题时，围绕道德说道德，"采补本无"和"淬厉本有"都停留在价值观念和新道德意识的启蒙上，而缺乏对近代国人社会交往方式的关注，这一方面的问题在后面的章节会有详细的分析。

二、私德与公德之困惑

循着梁启超理解私德和公德的思路，能够发现其思想中可能存在的问题。

第一，在德之本来的意义上，私德和公德的区分有意义吗？

道德具有主观性和内在性，是个人内心世界的价值与准则，交往过程中的伦理是道德生成的现实基础，但它不是道德，道德是伦理基础上的提升和内化；这种意义上的道德无疑是私人的，与个体的修养和品质相关，被梁启超称为独善其身之德。依据这种理解，"无需用私德来替换道德"[1]，但当私德回归道德本身的意义时，"一私人与他私人"之间的交往关系则无可归属，并且"公德"也失去了其存在的意义。

第二，在交往的层面上，如何认识近代以来普遍出现的私人之间的交往关系，其属于私德还是公德？

梁启超认为"一私人与他私人交涉之道义"属于私德，一私人与"公人"之交涉属于公德。这一观点在理论上是明确的，因为其中的"一私人与他私人"特指的是传统的"五伦"，父子、夫妇、兄弟之间都有着特定

---

[1] 廖申白. 论公民伦理——兼谈梁启超的"公德"、"私德"问题[J]. 中国人民大学学报, 2005 (3): 83-88.

的地位身份和关系，朋友是狭隘的社会交往过程中形成的私人之间的关系，一般比拟为兄弟，即使"君臣之义"也体现着两私人之间的感情关系，这在中国人的理解中确实属于私德；但在近代社会生活中，私人之间的交往远远超出了传统意义上的特定身份和地位之间的私人之间的交往，这就产生了另外一种私人与私人之间的关系；在这种关系中，与传统交往双方都有特定的身份与角色不同，"每一个私人对于对方都失去了特殊性，他们相互地表现为一个一般的、匿名的'他者'"。❶在这种条件下，依据梁启超关于私德和公德的区分来分析中国近代社会以来出现的私人交往关系时，则易于产生困惑。例如，其一，伴随着社会的发展，传统的生产方式和生活方式都发生了巨大的变化，公共生活领域急剧扩展，人们之间的公共交往日益加强，非特定身份和地位的公共交往关系成为人际关系的重要内容，在这种条件下，私人之间的交往有些是固定的、有规律的但大多是偶然发生的、没有规律的，这其中所涉及的道德是公德还是私德？其二，团体是在公共交往的基础上所形成的组织或单位，个体和团体之间无疑是一种公共关系，但这种关系的成立所依赖的"一私人同他所不相识的人的交往关系"实质上是两个私人之间的交往，这种私人之间的交往所涉及的是公德还是私德？其三，在近代国家中，人们除了家庭成员的身份外，同时也是国民或者公民，所以，"家庭的成员之间同时存在着两种基本的关系：血缘关系与作为公民的关系"，虽然"由血缘关系确定的相互关系是基本的关系"，❷但作为公民的家庭成员之间在发生利益关系或冲突时，关系到的是公德还是私德？

---

❶ 廖申白. 论公民伦理——兼谈梁启超的"公德"、"私德"问题[J]. 中国人民大学学报, 2005 (3): 83-88.
❷ 廖申白. 公民伦理与儒家伦理[J]. 哲学研究, 2001 (11): 67-74, 81.

虽然囿于时代和社会形势的原因，我们不能强求梁启超对上述三者都进行系统明确的分析，但依据其关于私德和公德的理解，可以知道他会陷入一个左右为难、犹豫不决的境地。首先，非特定身份的私人之间的交往在传统社会是不普遍的，没有形成确定的伦理规范，[1]并且他理解的这种私人关系又不能纳入作为"公"的群体中，所以，协调这种交往关系的规范不论归入私德的范畴还是公德的范畴，在他看来都不太合适，他只能根据具体情况，有时候归入公德有时候又会认为是私德。其次，关于家庭成员的双重身份，梁启超会更倾向于以血缘关系来理解，这符合中国人的普遍观念，他会归入私德的范畴中；但当家庭成员在社会公共生活中以公民的身份来从事社会活动和交往时，他们的关系在一定程度上包含着非特定身份的私人关系。这虽然不符合传统的家庭观念，但是中国由宗法社会走向公民社会过程中需要分辨的关系。

上述三者所谈论的私人关系是依据梁启超的私德和公德概念都无法明确界定的。这一结果产生的原因在于他分析交往关系时，没有形成私人的公共性交往概念，这是近代社会发展以来，平等和自由的公民或国民在参与社会公共生活的过程中普遍发生的交往关系，"它的'公共'性质，那是在它是同作为公民的每一个私人相关的意义上说的，而不是在将这些私人合为一个叫作'公'的整体的意义上说的。"[2] 在对"公共生活伦理"的理解中，梁启超忽略了这一交往的层面，没有意识到只有公民和公民之间建立起公共的交往观念，才能形成健康的公群意识这一问题。

---

[1] 关于在以私人关系为基础的传统社会中，如何对待"外人"这一问题，廖申白教授做过分析，见：廖申白. 交往生活的公共性转变：两个世纪的主题[J]. 北京师范大学学报：社会科学版，2006 (5)：86-91.

[2] 廖申白. 论公民伦理——兼谈梁启超的"公德"、"私德"问题[J]. 中国人民大学学报，2005 (3)：83-88.

如果使用伦理和道德范畴来表述梁启超关于公德和私德的理解，会显得比较准确，这里的道德是狭义上的，强调内在的修养和价值准则，是从主体对己的角度来说的；而伦理是交往意义上的，包含着私人性的交往和公共性交往，其中的相互性规范与要求被称为私人伦理和公共伦理。道德回归到本身的意义上，人们交往中的伦理规范也变得相对清晰，当用这种方式来分析中国社会的道德问题时，在个人修养方面，儒家道德无疑能提供丰富的思想资源，而公德问题则依赖公共交往生活和伦理基础的完备及发展。

第三章　近世中国的道德问题（一）：
　　难以补足的公德

泰西人之论中国者，辄曰：彼其人无爱国之性质。故其势涣散，其心怯懦，无论何国何种之人，皆可以掠其地而奴其民，临之以势力，则帖耳相从，啖之以小利，则争趋若鹜。

（国）一败再败，一割再割，要害尽失，利权尽丧，全国命脉，朝不保夕，而我民犹且以酣以嬉，以歌以舞，以鼾以醉，晏然以为于己无与。(《爱国论》)

梁启超对近代国人集体表现出"爱国心薄弱""公共心缺乏""责任观念欠缺"极为痛心，在他的观念中解决近代中国面临的危机和困境需要凝聚全国人的力量，民众表现出的"一盘散沙""麻木冷漠""怯懦为我"的劣根性，使得中华民族的救亡图存和振兴成了"无土之木""无源之水"。他用那支常常带有情感的笔将国人的丑态一一刻画出来，并概括为"我国民所最缺者，公德其一端也"❶。在这一过程中，他探究国人公德缺

---

❶ 梁启超. 新民说［M］//汤志钧, 汤仁泽. 梁启超全集：第二集. 北京：中国人民大学出版社, 2018：539.

失的原因，寻求解决的方法和途径。他的努力以及提出的观点和主张在近代中国都产生了重要和深远的影响，但当我们深入其思想之中时，却看到在如何补公德问题上他陷入的困境，本章主要对他"补公德"的思想进行梳理和分析，并试图寻找出问题产生的原因。

第一节 "采补本无而新之"

一、"补公德"问题的提出

在对国人道德观察的过程中，梁启超说"吾中国道德之发达，不可谓不早。虽然，偏于私德，而公德殆阙如"❶。国人公德为何缺失？如何培育国民的国家观念和公共意识？在对这些问题思考的过程中，他关注到了中国传统社会，认为传统社会生活在本质上具有"私"的特征，它是以私人交往关系为基础的，在这其中形成的规范，基于规范所形成的制度以及在践行规范过程中人们形成的观念都体现着私人生活的本质，虽然儒家道德包含着家、国、天下的理想，强调"推己及人""民胞物与"，但这种公共精神并不具备实现的现实基础。梁启超对传统社会的这些认识明确地体现在他对国人不识公德的原因分析中。

其一，囿于族群社会。

---

❶ 梁启超. 新民说 [M] //汤志钧，汤仁泽. 梁启超全集：第二集. 北京：中国人民大学出版社，2018：539.

"群族而居，自成风俗者，谓之部民；有国家思想，能自布政治者，谓之国民。"❶ 在近代的语境中，"公德"是"国民"与"部民"相区别的一个重要标志，前者将"民"置于近代民族国家之中，体现着民族国家和政治生活对民众的要求以及个体和团体之间的关系；而后者则代表着生活于宗法血缘关系之中、不知公德的传统民众，梁启超认为传统中国有"部民"而无"国民"，不是因为民众不能成为国民，而是"势之使然也"。

吾国巍巍然屹立于大东，环列皆小蛮夷，与他方大国，未一交通，故我民常视其国为天下。耳目所接触，脑筋所濡染，圣哲所训示，祖宗所遗传，皆使之有可以为一个人之资格，有可以为一家人之资格，有可以为一乡一族人之资格，有可以为天下人之资格，而独无可以为一国国民之资格。(《新民说·释新民之义》)

"势"体现着梁启超对产生这一问题的客观原因和社会条件的理解，包含着传统中国存在的外部条件和社会基础两个方面。就外部来说，在两千多年的封建社会发展过程中，古老的中国以其丰富灿烂的物质文明和精神文明雄踞东亚，独特的地理位置和自然条件为其存在和发展提供了客观的保障，在没有外部压力的状态下，以中华民族为核心"天下"的体系代表着"天朝上国"的理想，"天下为公"成为统治者永恒的追求，相对于近代的政治国家来说，"中国"更代表着一个以文化为凝聚力的群体。近代意义上的民族政治国家不存在，国民资格及爱国心从何而来？所以梁启

---

❶ 梁启超. 新民说 [M] //汤志钧，汤仁泽. 梁启超全集：第二集. 北京：中国人民大学出版社，2018：543.

超正告全地球之人："我支那人非无爱国之性质也，其不知爱国者，由不自知其为国也……故谓其爱国之性质，隐而未发则可，谓其无爱国之性质则不可。"❶

与近代国民所面对的国家相比，在以自然经济为基础的传统社会，中国人更现实地是生活在以家族为基础所构成的族群社会中。中国的地理位置和气候条件，为农业生产的自给自足提供了客观的条件，自然经济是传统社会居主导地位的生产方式，这为"乡土中国"❷ 的发展提供了基础，它一方面养成了人们对于土地和农业的依赖以及与之相关的安土重迁，这确定了人们基本的社会生活和交往关系是以血缘宗法关系为基础的；另一方面则凸显出了家庭以及扩展而形成的家族、宗族对传统中国人的生存发展所具有的保障作用。对于这种自然经济基础之上的家族主义，梁启超说："吾中国社会之组织，以家族为单位，不以个人为单位，所谓家齐而后国治是也。周代宗法之制，在今日其形式虽废，其精神犹存也。"❸

"家国同构""家国一体"是封建专制统治最基本的组织原则，在这种条件下，国是家的扩大，作为最高统治者的皇帝是这个"大家庭"的家长，"普天之下，莫非王土；率土之滨，莫非王臣"；家是国的具体化，宗

---

❶ 梁启超. 爱国论［M］//汤志钧，汤仁泽. 梁启超全集：第一集. 北京：中国人民大学出版社，2018：691－692.

❷ 这是费孝通对中国社会特色的理解，这种观点是基于对农业社会的理解而形成的，首先，农业社会的生产方式主要以耕作为主，以一家一户为生产单位，基本上能自给自足，也没有多余的农业产品转化为商品，除非必要，否则毋须贸易。其次，农业社会富于"地方性"，主要是人们的活动范围受地域限制，缺乏流动性，区域之间接触少，生活隔离，各自保持着独立的社会圈子，类似老子所谓"小国寡民，鸡犬之声相闻，民至死不相往来"的味道。再次，这种社会是熟人社会，人们之间有着高度的信任感，"熟悉是从时间里、多方面、经常的接触中所发生的亲密的感觉"，"乡土社会里是从熟悉得到信任"，"是发生于对一种欣慰的规范熟悉到不假思索时的可靠性"。段江波. 危机·革命·重建：梁启超论"过渡时代"的中国道德［M］. 桂林：广西师范大学出版社，2008：48，49.

❸ 梁启超. 饮冰室文集点校：第三集［M］. 昆明：云南教育出版社，2001：1908.

族和家族具有"准官府"的统治力,孟子说国之本在家、家齐而后国治,传统社会关系是宗法关系在社会和政治领域的延伸和扩展。在这种社会中,舍家族外无所以团也,但家族和宗族关系本质上是一种以血缘关系为基础的特定的私人交往关系。

自给自足的自然经济限制了公共生活和公共交往的发展,在以私人关系为主导的族群社会中,修身、齐家、治国、平天下四者之间贯穿着内在的一致性,个体的修身、"五伦"关系的协调是传统道德的核心,所以,中国传统道德偏于私德,而缺失近代意义上的公德。

第二,霸者私有天下。

> 造成今日之国民者,则昔日之政术是也。数千年民贼,既以国家为彼一姓之私产,于是凡百经营,凡百措置,皆为保护己之私产而设。(《中国积弱溯源论》)

梁启超认为中国传统社会在发展的过程中经历了由"天下人之天下"到"一家一姓"之私产的转变,其中,圣王以天下为公产,以皇位为公器,其政治和社会活动不以一己之利而是为了天下受其利;但霸者则唯我独尊,视天下为一己私产,"以我之大私为天下之大公","视天下为莫大之产业,传之子孙,受享无穷"。不幸的是,圣王时代比较久远,就中国社会发展的历史来说,虽然经历着历代王朝的更替,但自秦以来,霸者私有天下却是不能改变的事实。"民贼"是梁启超对那些用武力争得天下的统治者的称呼,他认为自秦以来,封建君主盗得了天下,把天下的国土、人民都当成了自己的私有财产,国土是一家之私产、国事是一家之私事,国家统治和政治活动是专属君主和少数精英分子的工作,"天下有道,则庶人不议",普通民众被排除在政治活动之外,在以家庭为基础的有限的领域内从事生产和生活。与此相适应,在个体道德构成上就呈现出这样的特点:以君主为核心的统治者具备齐备的道德,既懂得如何处理家庭关系和特殊的私人关系,又有与一般的私人进行交往、过政治生活的能力,而普通民众的道德则不具有这样的齐备性,他们只要懂得怎样过家庭生活、怎样与特殊的私人(例如亲戚、朋友和邻里等)进行交往大致就够了。❶

依据这种道德构成的观点,普通民众囿于狭隘的私人生活,不具备处理社会公共事务的能力和素质,但统治阶层则应具备基本的公共交往和政治活动的道德素质。只是在霸者私有天下的社会中,君主之"大私"涵盖了社会之"公",被纳入统治和教化中的种种方式都围绕着"永保私产"的目标,"民贼"视民为奴隶,为了稳固其统治,使用"驯""餂""役""监"的方式愚民、柔民、涣民,消磨人生而具有的求智之性、独立之性、合群之性,以爵赏笼络一国中最聪明、最有才华之人,形成"安静""谨慎""愿朴""能遵守旧规"的服从命令者,并监督少数不能驯服者。梁启超感慨道:"夫国也者,积民而成,未有以民为奴隶、为妾妇、为机器、为盗贼而可以成国者。"❷

不同的政治孕育着不同的民众,传统封建专制统治的政术维护着霸者私有天下的格局,也在培育和强化着民众的奴隶品格,使他们性奴隶之性

---

❶ "道德的齐备性"是贾新奇老师在《论中国伦理思想的近代转型》一文中提出的,指的是个体道德构成在内容上的完整性,认为齐备的道德构成应包括四个方面:家庭道德(用以指导如何过好家庭生活)、特殊的私人道德(用以指导处理特殊的私人交往关系)、一般的私人道德(用以处理一般的私人交往关系)、政治道德(用以指导如何过好政治生活)。见:贾新奇. 论中国伦理思想的近代转型——从公民道德的角度所作的考察 [J]. 福建论坛:人文社会科学版,2006(10):97-101.

❷ 梁启超. 中国积弱溯源论 [M]//汤志钧,汤仁泽. 梁启超全集:第二集. 北京:中国人民大学出版社,2018:270.

行奴隶之行,"家之昌也,主人之荣也,则欢娱焉,醉饱焉;家之败也,主人之中落也,则褰裳以去也。"❶ 近代以来,当中华民族同时面对内忧外患时,国家的救亡急迫需要具有爱国心和责任感的国民,浸染于封建统治两千多年的中国人必然面临着"爱国心"的启蒙。封建统治者私有天下的政治统治是近代民众不识公德的一个重要原因。

虽然传统的族群社会存在"公"和"群"的观念,但它不具备公共的意义,所强调的是整体,而这种整体在本质上是基于家庭和家族而产生的,包含的是以血缘为主导的特定私人关系以及这种私人关系在社会中的推演或扩展,作为天下最大之"公"的国,其实是一家之大"私"。这种条件下,道德强调作为个体的修养、作为一家族人的资格以及对在扩展的大家族中应承担的责任的认识,体现着私的要求;并且在私有天下的社会中,这一特征被政治统治所利用,又在统治的过程中不断被强化。

不论社会生活还是统治教化,传统中国都不具备"发明公德之大义"的基础,当西方的坚船利炮将这个古老的城邦推向近代化发展的道路时,在外力的推动下,社会、政治、经济都发生了重要的变化,由于缺乏充分的内部驱动力和社会转型的准备,国人依然沉浸在传统的思维和世界中。传统社会和政治不具备公共生活和交往的条件,国人没有形成近代意义上的公共观念和精神品质,急迫的民族危机却要求传统的民众迅速转变成为国民,承担起国民的责任,在这种条件下,"补足"国民应具备的"公德"成为启蒙思想家关注的重心。对此,梁启超说:"今日不欲强吾国则已,欲强吾国,则不可不博考各国民族所以自立之道,汇择其长者而取之,以

---

❶ 梁启超. 爱国论 [M] //汤志钧,汤仁泽. 梁启超全集:第一集. 北京:中国人民大学出版社,2018:695.

补我之所未及。"❶

近代国人公德的缺失是不容否认的，但要补的是什么，在这一问题上，不论是梁启超还是其他近代启蒙思想家强调的都是以"国家思想""爱国心""公共心"等为代表的国民品格与觉悟，这些固然重要，但并不是问题的全部，在这其中，公共交往生活及所形成的交往规范是更为基础和关键的，这一点预示了梁启超在"补"公德问题上所可能产生的困境。

二、"采补"之内容

在与私德相区别的意义上，梁启超关于公德的理解定位于"人人相善其群者"，强调的是国民对国家和以国家为代表的公共利益应形成正确的认识与理解，基于"德"的主体性和内在性，在"采补"公德的内容方面，他以西方近代国民品格为参照，介绍了国民应具备的基本精神和观念。

第一，国家思想。

"有国家思想，能自布政治者，谓之国民。天下未有无国民而可以成国者也。"❷ 受西方近代国家学说的影响，梁启超认为国民的公德首先体现在其所具有的国家思想。何谓国家思想？他选了四组概念来进行分析，明确了国家和个人的关系，国家和天下、朝廷的区别，不同国家之间的界限和主权的意义，打破传统社会中将封建王朝和天下理想误以为国的观念。

---

❶ 梁启超. 新民说［M］//汤志钧，汤仁泽. 梁启超全集：第二集. 北京：中国人民大学出版社，2018：533.
❷ 梁启超. 新民说［M］//汤志钧，汤仁泽. 梁启超全集：第二集. 北京：中国人民大学出版社，2018：543.

国家思想者何？一曰对于一身而知有国家，二曰对于朝廷而知有国家，三曰对于外族而知有国家，四曰对于世界而知有国家。(《新民说·论国家思想》)

其一，对于一身而知有国家。梁启超说，"国家之立，由于不得已也，即人人自知仅恃一身之不可，而别求彼我相团结、相补助、相捍救、相利益之道也。"❶ 所以，国家不是与"己"无关的"君主之私产"，"有国者"也不是一家之人，而是国之中的每一个人，保护国民个人的利益是国家存在的目的之一。国之功用如是，但若没有国民，国亦不可能出现，所以，为了使一己得到更好的保护，民众应认识到"吾一身之上，更有大而要者存，每发一虑、出一言、治一事，必常注意于其所谓一身以上者"❷。否则，国家不可能为国，而民众之利益也将无保障。梁启超的这一观点体现着西方近代国家起源学说的影响，将国家与全体国民发生关联，试图打破传统"君主之国""一家之国"的观念，呼吁那些面对国难麻木不仁的人们突破一己之私去关注国家的存亡。

其二，对于朝廷而知有国家。传统中国在历代封建王朝的统治之下，以君主为核心的朝廷统治着天下，在民众的心目中朝廷就是国家，国家就是掌握朝廷权力的君主之私产。对此，梁启超界定了朝廷和国家的不同，他形象地比喻说"国家如一公司，朝廷则公司之事务所，而握朝廷之权者，则事务所之总办也。国家如一村市，朝廷则村市之会馆，而握朝廷之

---

❶ 梁启超. 新民说 [M] // 汤志钧，汤仁泽. 梁启超全集：第二集. 北京：中国人民大学出版社，2018：543.

❷ 梁启超. 新民说 [M] // 汤志钧，汤仁泽. 梁启超全集：第二集. 北京：中国人民大学出版社，2018：543.

权者,则会馆之理事也"❶。根据近代国家的组织和管理,梁启超的这一比喻是准确的,国家需要领导者和管理者,朝廷代表着一个国家的最高统治群体,但它本身不是国家。这与传统民众普遍接受的"普天之下,莫非王土"的观念呈现出了极大的不同,要求国人超越对传统封建王朝的理解,摆脱将国家认为一家一姓之私产的观念;他的这一区分也打破了朝廷与国家的天然联系,而将朝廷与国家的关系通过政治的合法性联系起来,"朝廷由正式而成立者,则朝廷为国家之代表,爱朝廷即所以爱国家也。朝廷不以正式而成立者,则朝廷为国家之蟊贼,正朝廷乃所以爱国家也。"❷

其三,对于外族而知有国家。梁启超强调国家是一个"对外之名词",如果世界仅有一国,则国家之名不能成立,但中国独特的地理位置与生产方式,使得长期生活在"大一统"社会中的传统民众并不能明确理解国与国的界限,西方列强的入侵也没有立刻激发起他们的国家主权意识。对此,梁启超认为国人必须了解"国与国相峙而有我国"之义,他说就像"身与身相并而有我身,家与家相接而有我家"一样,近代社会伴随着西方国家的侵略与对抗,中国人应该认识到中国是一个独立的国家,与其他国家一样,中国有自己悠久的历史、独特的文化,不论是语言、风俗还是思想法治,是世界民族之林的一分子。依据物竞天择之公理,国家之间必然存在冲突和竞争,但只有自己的国家才代表着本群体的独立和主权,所以,"真爱国者,虽有外国之神圣大哲,而必不愿服从于其主权之下,宁

---

❶ 梁启超. 新民说 [M] //汤志钧,汤仁泽. 梁启超全集:第二集. 北京:中国人民大学出版社,2018:543.
❷ 梁启超. 新民说 [M] //汤志钧,汤仁泽. 梁启超全集:第二集. 北京:中国人民大学出版社,2018:544.

使全国之人流血粉身靡有孑遗，而必不肯以丝毫之权力让于他族。"❶

其四，对于世界而知有国家。这是针对传统的"天下"观念来说的，希望深受儒家天下大同理想影响的人能够面对现实。梁启超认为博爱主义、世界主义在道德上是崇高的，但与近代国际冲突竞争的现实不相适应，他强调竞争不是破坏，而是"文明之母"，"竞争一日停，则文明之进步立止"，在这种条件下，国家是代表着"团体之最大圈""竞争之最高潮"，是"私爱之本位，博爱之极点""不及焉者野蛮""过焉者亦野蛮"，❷ 所以，国人对天下、世界和国家应有明确的认识，带着平治天下的豪情投入到救国救民的活动中，承担起国民的责任。

梁启超认为拥有健全国家思想的人能够将国家在"一己"和"天下"两个极端之间取得一个合适的位置，正确理解作为群的国家对于个体的意义和价值，接受近代万国并立的现实，并在冲突和竞争中捍卫本国之利益和主权。

第二，自由。

梁启超认为自由是天下之公理，是人的精神生命，"凡人所以为人者，有二大要件：一曰生命，二曰权利。二者缺一，时乃非人。故自由者，亦精神界之生命也。"❸ 自由是人类进步的一个重要标志，是人的生命和权利的重要内容，是人的价值存在的表征；也是一种天赋权利，既不是别人能给予的，又不能被剥夺。由此，他说明了放弃自由之罪，"侵人自由"是

---

❶ 梁启超. 新民说 [M] //汤志钧，汤仁泽. 梁启超全集：第二集. 北京：中国人民大学出版社，2018：544.

❷ 梁启超. 新民说 [M] //汤志钧，汤仁泽. 梁启超全集：第二集. 北京：中国人民大学出版社，2018：544.

❸ 梁启超. 十种德性相反相成义 [M] //汤志钧，汤仁泽. 梁启超全集：第二集. 北京：中国人民大学出版社，2018：286.

一种罪恶，但比侵人自由更大的罪恶则是放弃自由，因为"苟天下无放弃自由之人，则必无侵人自由之人，此之所侵者，即彼之所放弃者"❶。

梁启超对18世纪法国大革命中提出的"不自由，毋宁死"这一口号感触颇深，在如何获得自由的问题上，他强调"欲求真自由者，必自除心中之奴隶始"❷。相对于身奴来说，心奴是一种放弃自由、自我奴隶的状态，"其成立也，非由他力之所得加；其解脱也，亦非由他力之所得助。"❸结合中国近代民众呈现出的劣根性，梁启超将"心奴"归纳为四大类，即为古人之奴隶、为世俗之奴隶、为境遇之奴隶、为情欲之奴隶，对国民以古人是非为是非、"一犬吠影，百犬吠声"、"不战而为境遇所压"以及心为形役的精神状态提出批评，提出精神自由和思想自由。

在近代中国社会启蒙过程中，"自由"是一个响亮的口号，梁启超对这一观念也极为推崇，但他关注到"今日'自由云自由云'之语，已渐成青年辈之口头禅矣"。他说："今世少年，莫不嚣嚣言自由矣，其言之者，固自谓有文明思想矣。曾不审夫泰西之所谓自由者，在前此之诸大问题，无一役非为团体公益计，而决非一私人之放恣桀骜者所可托以藏身也。"❹因此，他强调区别"真自由"与"伪自由"、"文明之自由"与"野蛮之自由"，将个人自由与团体自由联系起来。

---

❶ 梁启超. 自由书[M]//汤志钧，汤仁泽. 梁启超全集：第二集. 北京：中国人民大学出版社，2018：69.
❷ 梁启超. 新民说[M]//汤志钧，汤仁泽. 梁启超全集：第二集. 北京：中国人民大学出版社，2018：569.
❸ 梁启超. 新民说[M]//汤志钧，汤仁泽. 梁启超全集：第二集. 北京：中国人民大学出版社，2018：569.
❹ 梁启超. 新民说[M]//汤志钧，汤仁泽. 梁启超全集：第二集. 北京：中国人民大学出版社，2018：568.

> 团体自由者,个人自由之积也。人不能离团体而自生存,团体不保其自由,则将有他团焉自外而侵之、压之、夺之,则个人自由更何有也。(《新民说·论自由》)

在梁启超的思想中,团体与"群"的含义类似,"群"可以理解为家庭、种族、国家以及天下等由个体有机组成的群体,团体同样是在这种整体的意义上来使用的,但在近代中国面临的国际局势下,梁启超的团体自由主要指国家自由或者民族自由,强调个体自由的整体价值取向以及在国家和个人之间的个人自由的有限性,"真自由,必能服从"❶。

第三,近代权利义务思想。

权利和义务是现代政治中的一对核心概念,但在传统重义务轻权利的政治和道德观念影响下,近代国民呈现出权利思想缺乏、义务观念扭曲的特点,关于这一点,梁启超明确说:"义务与权利,对待者也,人人生而有应得之权利,即人人生而有应尽之义务,二者其量适相均。"❷权利是人"形而上"之生存的要件,标志着人们对自身主权的体认,受达尔文强权思想的影响,他认为权利产生于强权和竞争,并依靠它们来维持,所以,"有权利思想者,一遇侵压,则其苦痛之感情,直刺焉激焉,动机一拨而不能自制,亟亟焉谋抵抗之以复其本来。"❸权利思想如此,但中国传统主流的人生哲学引导民众形成的逆来顺受的品格,使得他们"有权利而不识

---

❶ 梁启超. 新民说 [M] //汤志钧,汤仁泽. 梁启超全集:第二集. 北京:中国人民大学出版社,2018:567.
❷ 梁启超. 新民说 [M] //汤志钧,汤仁泽. 梁启超全集:第二集. 北京:中国人民大学出版社,2018:620.
❸ 梁启超. 新民说 [M] //汤志钧,汤仁泽. 梁启超全集:第二集. 北京:中国人民大学出版社,2018:557.

有之之为尊荣，失权利而不知失之之为苦痛"，他说，中国人"无权利思想而已"❶。近代中国的救亡，需要有权利思想的民众，"民有权者谓之有权国"，国民的权利思想，合起来表现为一个国家的权利思想，所以，他呼吁"为政治家者，以勿摧压权利思想为第一义。为教育家者，以养成权利思想为第一义。为一私人者，无论士焉农焉工焉商焉男焉女焉，各以自坚持权利思想为第一义。国民不能得权利于政府也则争之，政府见国民之争权利也则让之"❷。

关于义务，梁启超一方面指出中国传统社会中"有权利无义务"和"有义务无权利"的现象扭曲了人们对义务的理解，强调义务是与权利相对应的；另一方面也提出在私人对私人的义务之外，必须关注到"个人对团体之义务"，"中国人无义务思想""国民义务思想太浅薄"都是从这个意义上来说的。先哲之教，孝悌忠节，均强调个体承担的义务和责任，从这种意义上来说，中国人义务思想比权利思想要丰富，但是这种伦理型的义务，强调的是私人对私人的义务，而没有超越私人关系之外，上升到个人对国家和社会的义务。这造成近代社会，国民意识不到其对国家应承担的义务与责任。

第四，进取冒险与竞争精神。

进取冒险精神是近代社会发展的动力，对个人、民族和国家都具有重要的意义，包含着希望、热诚、智慧和胆力四个方面，他认为在西方文明中，没有比这种精神更值得中国人学习了，"欧洲民族所以优强于中国者，

---

❶ 梁启超. 新民说 [M] //汤志钧，汤仁泽. 梁启超全集：第二集. 北京：中国人民大学出版社，2018：559.
❷ 梁启超. 新民说 [M] //汤志钧，汤仁泽. 梁启超全集：第二集. 北京：中国人民大学出版社，2018：563.

原因非一，而其富于进取冒险之精神，殆其尤要者也。"❶ 近代社会列国并立充满矛盾和冲突，在这样的社会中，欧美各国之所以富强，一个重要的原因就是国民具有进取冒险精神，对此，他说："人有之则生，无之则死；国有之则存，无之则亡。"❷ 梁启超的社会达尔文主义世界观必然导致他接受这样一个思想，即竞争是自然界和人类社会的一个无情的事实，在充满竞争的社会中，人们必须具备进取冒险与竞争精神，在这里，他虽然用孟子的"浩然之气"来解释进取冒险精神，但实际上，他已经摒弃了传统所称颂的谦逊和平的价值观。❸

第五，自治能力。

"不待劝勉，不待逼迫，而能自置于规矩绳墨之间，若是者谓之自治。"❹ 梁启超认为国民的自治能力是近代民主政治的基础，决定着近代中国能否成为一个独立自由自主的国家，"吾民将来能享民权、自由、平等之福与否，能行立宪、议会、分治之制与否，一视其自治力之大小、强弱、定不定以为差。"❺

与自治相对应的是"治于人"，梁启超认为传统的霸者之所束缚、儒者之所矜持都不是自治，都缺乏自治者所应该拥有的自觉和自我协调管理的能力，都不是真自治，是"待治于人"。自治包括"一身之自治"和

---

❶ 梁启超. 新民说 [M] //汤志钧，汤仁泽. 梁启超全集：第二集. 北京：中国人民大学出版社，2018：549.
❷ 梁启超. 新民说 [M] //汤志钧，汤仁泽. 梁启超全集：第二集. 北京：中国人民大学出版社，2018：550.
❸ 张灏. 梁启超与中国思想的过渡：1890—1907 [M]. 崔志海，葛夫平，译. 南京：江苏人民出版社，2005：97-98.
❹ 梁启超. 新民说 [M] //汤志钧，汤仁泽. 梁启超全集：第二集. 北京：中国人民大学出版社，2018：573.
❺ 梁启超. 新民说 [M] //汤志钧，汤仁泽. 梁启超全集：第二集. 北京：中国人民大学出版社，2018：575.

"一群之自治",前者指个体所拥有的内在的自胜之力,后者则表现为国家、社会、州县的治理与秩序,依据其信赖的国家有机体理论,一身之自治是一群之自治的基础,而一身之自治要符合一群之自治的精神。

通过引入西方近代国民的精神品格,梁启超宣传了近代国民应具备的基本观念和品质,除上述之外,进步、自尊、毅力、尚武、生利分利也是理想国民所应具备的精神品质,这些品质大致可以分为两种类型的价值:一种可归入"政治道德价值"范畴,包括国家思想、权利义务思想、进步、自治;另一种价值类型可归入"现代人格价值"范畴,包括进取冒险精神、自由、独立、尚武、生利分利等。[1] 在梁启超的思想中,关于二者虽然不能明确孰轻孰重,但毫无疑问的是,他对这些精神品质的介绍着眼点在国民个体素质的提升上,而落脚在近代中国作为一个民族国家的进步和强盛上,体现着国家本位的价值取向。

移植西方的道德和价值观念,以补充中国传统道德所缺乏的"公德",其目的是促使中国国民"变化气质",但在这一过程中,与救国保种的目标相联系,梁启超并未深刻体会每一种价值观念本身的意义,而是从实用主义的角度做出自己的理解。值得注意的是,他并未把这些具有典型西方近代特征的"舶来品"生硬地放入其新道德的体系之中,而是努力使之与中国本有的资源相接通,从传统的德行修养中寻求其可以生长和发育的"因子",例如,用孟子的"浩然之气"为进取冒险精神做解释,借助于古人先贤的事例解释其所包含的希望、热诚、智慧和胆力;认为虽然近代中国社会缺乏政治自由的观念,但精神自由是自古至今中国文人所不愿丢弃

---

[1] 段江波. 危机·革命·重建:梁启超论"过渡时代"的中国道德[M]. 桂林:广西师范大学出版社,2008:181.

的内在追求；近代国人虽表现出政治生活中自治能力的缺乏，但"一身之自治"是儒者的"人身品格第一大事"；同样，"君子贵自尊"，传统的士大夫精神中包含着自尊的内容。

在"采补本无"、学习西方的过程中，梁启超对西学表现出了极大的热情，同时对传统道德进行了深刻的批判，但他并未彻底否定传统沦为"醉西风者流"，而是注重用西方的"公德"观念来改造和激发中国传统道德的活力。在他看来，国人公德缺失的主要原因在于传统的私人生活使得个人的道德修养与公德品质相分离，并且在秦汉之后，曲士贱儒扭曲儒学，使之沦为"霸者私有天下"的思想武器，阻断儒家义理与社会生活的通达关系，从而极大削弱了传统道德在社会中的生命力。所以，在"采补本无"以培育国民公德的过程中，一方面，他大力宣传和引介西方近代价值观念；另一方面，则试图借此来续借儒家之精神，这应该是梁启超引进西学的一个特色，他在"破坏""革命"之中，注入新鲜血液，并试图接通固有之道德与近代公共精神之间的联系，从道德之根基处开发出公德。

三、"采补"之途径与方法

"采补"是梁启超在对传统中国和近代社会深刻观察基础上所提出的更新民德的主张，主要是通过引介西方近代道德和价值观念，启蒙国民应具备国家观念和"公共心"，其一生所致力的国民启蒙活动在本质上都是在做这种"采补"的工作。

其一，舆论宣传。

随着近代社会的发展，文明的传播形式发展多样化，报纸、演说与学校一起被称为"传播文明三利器"，虽然在系统化和规范性方面，报纸和演说与学校教育无法相比，但在近代中国特殊的社会条件下却是宣传新思想学说的重要阵地。梁启超重视舆论宣传的重要作用，他将办报和演讲作为强国和启蒙国人的重要手段，在其一生中，创办、主笔的报刊有十几种，❶ 使得他"文名满天下"，被誉为"舆论界之骄子"。梁启超把报馆作为"向导国民"的重要工具，强调报刊的政治功能，通过报刊传播西方近代政治学说和思想观念，宣传其政论观点，制造政治舆论，这在近代社会产生了极大的影响，引发了中国近代史上第一次办报高潮。演讲同样是梁启超非常注重的一种启蒙方式，流亡结束归国后的他，围绕着建国方略、政党组织、关税外交、国民运动、新式教育、中西文化等话题他做过许多的演讲，以通俗的语言向国人传达近代立宪政治、民主观念、国民责任等思想观点。

梁启超利用报刊和演讲所进行的舆论宣传，紧紧围绕着开民智、新民德、鼓民气的主题。他多次指出，由于我国风气未开，民智未进，对世界大势和国内诸事了解甚少，所以，需要去塞求通、宣上德通下情、广罗五洲之事，这正是报纸等媒体工具所长之处。在《新民丛报》的发刊词中，他说："本报取《大学》新民之义，以为欲维新吾国，当先维新吾民。中国所以不振，由于国民公德缺乏，智慧不开，故本报专对此病而药治之，务采合中西道德以为德育之方针；广罗政学理论，以为智育之原本。"❷ 在一次演讲中，他向报界的各位同仁说明他办报之宗旨在于"浚牖民智，熏

---

❶ 在梁启超活动的不同时期，都有相应的办报活动：戊戌维新时期，主笔《万国公报》《强学报》《中外纪闻》；流亡日本时期，主办《清议报》《新民丛报》《时报》《政论》《国风报》；护国运动时期，《大中华》；五四运动时期，《晨报》等。

❷ 丁文江，赵丰田. 梁启超年谱长编 [M]. 上海：上海人民出版社，2009：180.

陶民德，发扬民力，务使养成共和法治国国民之资格"❶。

其二，组织学会社团。

社团是在近代社会的发展中逐渐出现的一种群众性自愿组织，在培养国民的公共观念和自治能力方面发挥着重要的作用，梁启超将其作为凝聚中国人的一个重要方法，这是他"群治"思想的一项重要内容。对于传统中国人"私"的品性，梁启超进行批评，而强调"合群"的重要意义，他提出"国群""商群""士群"，其中，由士绅联合起来的学会对中国社会具有最为重要的意义，其他两种社团最终也会依赖它。将学会作为基本的社会组织，一方面是出于对普通中国人缺乏政治参与能力这一状况的认识，另一方面则说明他认识到了学会在国家建设中的组织纽带作用。❷

传统"独术"统治之下，普通民众无国家思想、无政治能力，但"合国民之力以与他国争"的近代社会突显了国民具备公共观念、"群治"思想的重要性。在开启民智的过程中，教育和舆论等启蒙形式发挥了重要的作用，但除此之外，由士绅阶层领导和组织的学会有其独特的意义。在中国社会，士绅是一个特殊的阶层，它凭借独特的功名身份和文化权威，成为地方社会集政治、经济、文化、伦理于一体的权势阶层，直接控制着地方社会生活的方方面面，具有"一体化"的高度整合功能，因而，在基层社会中的任何一种以士绅领导的社会控制形式，如宗族、乡约、团练等，都是集政治、经济、文化、军事（乡勇、团勇等）于一体的权力高度集中的社会组织。借助这种社会控制形式，士绅实际上直接接入了封建权力运

---

❶ 魏泉. 梁启超卷：从"承启之志"到"守待之心"［M］. 济南：山东文艺出版社，2006：12.

❷ 张灏. 梁启超与中国思想的过渡：1890—1907［M］. 崔志海，葛夫平，译. 南京：江苏人民出版社，2005：50.

作体系，成为上层社会结构和基层社会结构不可或缺的中介。❶ 自幼的生活环境使梁启超对士绅阶层在基层社会中的作用和威望有着深刻的体会，他认为这是中国社会自治的一种重要形式，所以，在近代社会中，由士绅阶层来充当基层社会启蒙的领导者，能够利用其在社会基层不同领域中的影响力，对民众进行政治训练和引导，这对于国民素质能力的培养和近代新的思想观念的形成具有重要的意义。联合士绅阶层组成学会，赋予近代社团以新的宗旨，发挥其沟通社会基层和国家之间关系的中介作用，对于改变普通中国人"一盘散沙"的状况具有重要意义，学会成了将复杂多样和组织松散的中国社会联合为一个统一的、具有凝聚力的国家所必不可缺的组织纽带。

基于对学会作用的认识，梁启超在实践活动中积极参与学会和社会的组织工作，"强学会""时务学堂""保国会""政闻社"等团体组织都留下了他的踪迹。他强调学会的设置除"总会"之外，应"广立分会"，做到"一省有一省之会，一府有一府之会，一州县有一州县之会，一乡有一乡之会"，并认为，"遵此行之，一年而豪杰集，三年而诸学备，九年而风气成。"❷

其三，发展现代教育。

如果说政治制度的变革为国民的培育提供了一个良好的制度环境的话，那么教育则是这个环境中最具推动力的要素。梁启超认为教育是制造新国民的工具，他主张通过教育来"开民智""鼓民气""新民德"，改变中国人的头脑，同时强调改革教育制度、开设新式学堂、更新教育内容的重要意义。

---

❶ 张研. 清代族田与基层社会结构 [M]. 北京：中国人民大学出版社，1991：266.
❷ 梁启超. 变法通议 [M] //汤志钧，汤仁泽. 梁启超全集：第一集. 北京：中国人民大学出版社，2018：52.

关于教育制度的改革，梁启超批判了传统的科举制度，提出"欲兴学校，养人才，以强中国，惟变科举为第一义"。❶ 他认为相对于推荐人才制度，科举制度是一个很大的进步，满足了封建王朝的人才需求，但近代以来，科举选拔的人才往往学非所用，用非所学，"使学者坠聪塞明，不识古今，不知五洲"，"为中国禁锢文明之一大根源"，故主张广开新式学校。办学校在梁启超的政治活动中占有重要的地位，他将这作为国民性改造的重要手段，从戊戌变法时期，他就大力宣传兴学办学。认为"欲求新政，必兴学校"，他通过《变法通议》阐述了兴学的重要意义，认为"亡而存之，废而举之，愚而智之，弱而强之；条理万端，皆归本于学校"。并提出了建立新学制、新教育体制的要求，参与新学堂的创办；在日本期间，他参与创办横滨大同学校、神户同文学堂、东京大同高等学校等，以此来传播新思想。教育内容的更新是他发展现代教育中最为重要的内容，他强调开办一些注重实用、切于时用的课程，猛烈抨击封建教育的"格致"之学，而主张把爱国、独立、自由、合群等教育放在整个教育的首位，使受教育者"备有人格，享有人权，能自动而非木偶，能自主而非傀儡，能自治而非土蛮，能自立而非附庸，为本国之民而非他国之民，为现今之民，而非陈古之民"。❷

学校教育在传播文明、教化民众方面具有无可替代的重要地位，不论古今，统治者都极为重视学校教育的开展，关于这一点梁启超有深刻的理解，在其启蒙活动的展开过程中，他区分近代教育与传统教育的不同，为

---

❶ 梁启超. 变法通议 [M] //汤志钧，汤仁泽. 梁启超全集：第一集. 北京：中国人民大学出版社，2018：47.

❷ 梁启超. 教育当定宗旨 [M] //汤志钧，汤仁泽. 梁启超全集：第二集. 北京：中国人民大学出版社，2018：496.

新式教育确立宗旨，确定内容；在基础教育方面，他推进师范教育，女学、幼学的开展，完善教育体制。

其四，倡导国民运动。

国民运动是由大多数人民参加的群众性政治运动，辛亥革命之后，梁启超呼吁国民参与政治运动，因为在他看来，国民运动是共和政治的唯一生命，共和政治的基础在于国民，如果国民都不愿管政治，或是不能够管政治，或不会管政治，那么共和政体就形同虚设，但"怎么才算愿意管政治呢？是要靠国民运动来表示这意志。怎么才能够管政治呢？是要靠国民运动来争得这权利。怎么才会管政治呢？是要靠国民运动来练习这技能"[1]。梁启超表达了通过国民运动来培养国民政治观念的观点。

梁启超认为，辛亥革命胜利后，共和政体已经确立，但近代国民应具备的政治观念并未完全发展起来，所以在革命胜利十年后，依然专制独裁、军阀混乱，通过国民运动唤醒国民意识，进而使其自觉地参与到政治活动中，这是中国政治健康发展的途径。基于这一目的，他强调在国民运动中养成近代国民应具备的政治素质和品质，认为这是"学校以外的一种政治教育"，"在国民教育上是无可限量的"。国民运动所包含的政治教育意义从总体上说有三：第一，使多数人懂得政治是怎么一回事，懂得什么是政治问题；第二，使多数人认识且信任政治生活之"改进可能性"；第三，使多数人养成协同动作之观念及技能。

其五，发动史学革命、小说界革命。

在梁启超的国民改造思想中，他充分挖掘与民智、民德和民风相关的

---

[1] 梁启超. 政治运动之意义及价值 [M] //张品兴. 梁启超全集. 北京：北京出版社，1999：3336.

所有因素，针对传统史学和文学特点，梁启超提出了史学革命和文学革命，将其作为近代国民道德养成的重要途径。

对于史学，梁启超认为国民教育之精神，莫急于本国历史，"史学者，学问之最博大而最切要者也，国民之明镜也，爱国心之源泉也。"[1] 强调史学应成为国民新思想的源泉。反观西方，他说"今日欧洲民族主义所以发达，列国所以日进文明，史学之功居其半焉"[2]。中国史学虽然发达，却不能令其功德普及于国民，所以，他提出改变旧史学"知有朝廷而不知有国家""知有个人而不知有群体""知有陈迹而不知有今务""知有事实而不知有理想"[3] 的传统，把史学服务的对象从帝王将相转移到国民，以国民为阅读对象，为民治主义做宣传，为国民在国家中的资格、在世界中的资格而写作。

19 世纪末 20 世纪初，梁启超与其他启蒙思想家发动的一场文学运动，被称为文学革命，在这一活动中提出了"诗界革命""小说界革命""文界革命"，其中"新小说"被他赋予了强烈的革新功能，他说小说有不可思议之力，"欲新道德，必新小说；欲新宗教，必新小说；欲新政治，必新小说；欲新风俗，必新小说；欲新学艺，必新小说；乃至欲新人心，欲新人格，必新小说。"[4] 在他看来，小说对人的情感、观念和思想具有"熏""浸""刺""提"的效果，能够引导人们体会身外之身、世界外之

---

[1] 梁启超. 新史学 [M] //汤志钧，汤仁泽. 梁启超全集：第二集. 北京：中国人民大学出版社，2018：497.

[2] 梁启超. 新史学 [M] //汤志钧，汤仁泽. 梁启超全集：第二集. 北京：中国人民大学出版社，2018：497.

[3] 梁启超. 新史学 [M] //汤志钧，汤仁泽. 梁启超全集：第二集. 北京：中国人民大学出版社，2018：498-499.

[4] 梁启超. 论小说与群治之关系 [M] //汤志钧，汤仁泽. 梁启超全集：第四集. 北京：中国人民大学出版社，2018：49.

世界，带动人的情感，影响人的心灵。但小说并一定会产生积极的效果，"有此四力而用之于善，则可以福亿兆人；有此四力而用之于恶，则可以毒万千载。"❶ 传统小说充斥着"状元宰相""才子佳人""江湖盗贼""妖狐巫鬼"之思想，"毒遍社会，陷溺人群"，造成十分恶劣的影响，于社会政治进化毫无益处，所以他认为要改变传统小说的内容和思想，并提倡用俗语增强其普及性，将小说作为其新民的重要工具。

基于梁启超对于"采补"之内容的理解，他所使用的这些途径和方式无疑发挥了重要的作用，大量新思想新观念传入国内，在思想界尤其是青年学子中影响很大，正如胡适所说的"这时代是梁先生文章最有势力的时代"，"我个人受了梁先生无穷的恩惠，现在追想起来，有两点最分明，第一是他的《新民说》，第二是他的《中国学术思想变迁之大势》。梁启超自号'中国之新民'，又号'新民子'，他的杂志也叫《新民丛报》，可见他的全副心思贯注在这一点。""我们在那个时代读这样的文字，没有一个人不受他的震荡感动的。"❷ 梁启超强调并身体力行地"采补本无"所产生的社会启蒙效果是值得肯定的，在民德方面，这些"采补"而来的新思想、新观念是否直接促进了国民公德的提升？在这一问题上，梁启超的答案是否定的，这一否定包含着他对道德的理解和对现实中"淮橘成枳"结果的观察。

---

❶ 梁启超. 论小说与群治之关系 [M] //汤志钧，汤仁泽. 梁启超全集：第四集. 北京：中国人民大学出版社，2018：51.

❷ 胡适. 四十自述 [M]. 北京：中国文联出版公司，1993：44.

第二节 从"采补本无"到"淬厉本有"

面对近代国人公德的缺失,梁启超所提出的"此缺憾必当补者也",非常准确地把握住了问题的本质,即中国传统社会不具备公德发育的基础,在这种条件下,"采补本无"是必要的;但基于他对公德概念的理解,在"补"的内容上,强调了西方近代的道德和政治观念,虽然在阐释的方式上,努力将其与中国传统的道德资源相接通,但在这一过程中,他逐渐认识到其中包含的弊病,即在西方社会和文化背景下形成的道德和价值观念移植到中国并不能产生其在原生地的同样结果。国民公德该如何培育?在反思的过程中,他说"新道德之输入,因此遂绝望也",将"维持社会于一线者"寄托于"吾祖宗遗传固有之旧道德"。❶ 梁启超思想中的这种变化在他的两种看似矛盾的主张中有着明显的体现,本节主要对这两种主张进行梳理讨论,呈现出他在"补公德"问题上的思想变化。

一、公德为道德之"源"

人也者,善群之动物也(此西儒亚里士多德之言)。人而不群,禽兽奚择!而非徒空言高论曰群之群之,而遂能有功者也。必有一物焉贯注而联络之,然后群之实乃举,若此者谓之公德。

---

❶ 梁启超. 新民说[M]//汤志钧,汤仁泽. 梁启超全集:第二集. 北京:中国人民大学出版社,2018:644.

道德之立，所以利群也。故因其群文野之差等，而其所适宜之道德，亦往往不同，而要之以能固其群、善其群、进其群者为归。

人人相善其群者谓之公德。

故公德者，诸德之源也，有益于群者为善，无益于群者为恶，此理放诸四海而准，俟诸百世而不惑者也。（《新民说·论公德》）

梁启超述说公德为道德之"源"时包含着这样的一个推理过程：首先，他认为人是社会性存在的动物，人们的生存和发展都离不开一定的群体，人"群"之存在不是空泛的，必须依赖一定的纽带；其次，强调道德起源于"人与人之交涉"，目的是调节人们的社会生活和交往关系更好地存在与发展，即"利群"，道德是维系"群"存在的重要因素和纽带；再次，将公德定义为"人人相善其群者"，突出公德在维护"群"之公利、公益方面所具有的作用；最后，得出结论：最直接体现"利群"目的的公德是道德之"源"。这一推理过程并不严谨，因为他强调的重心在于"利群"是道德的目的、存在的意义、评价善恶的标准，在这个意义上，可以说"利群"是"道德之本原"，也是"道德"之所以被发明的原因；虽然公德更直接地体现着"利群"的目的，但直接以"公德"替换"利群"，这使他的主张显得生硬和牵强。其实，梁启超的这种表述是为了突出在近代社会条件下，相对于传统道德来说，公德在健全国民道德过程中的首要意义，"知有公德，而新道德出焉矣，而新民出焉矣。"[1] 在他看来，在家国一体的传统社会中，中国人的道德可以说是完备的，但在近代社会，伴

---

[1] 梁启超. 新民说[M]//汤志钧，汤仁泽. 梁启超全集：第二集. 北京：中国人民大学出版社，2018：541.

随着公共生活和私人生活的逐渐分离,"私德"成为"道德之一部分,而非其全体也";对中国人来说,公共生活是陌生的,公共生活伦理是不健全的,依赖于此而生成的德更是不足的,所以,只有培育出公德,国人的道德才能逐渐完备;结合内忧外患的社会背景来说,公德是国人道德体系健全的首要内容。

在阐释这一观点的过程中,梁启超将进化论学说运用到道德问题的分析过程中,指出以"利群"为目的的道德,基于"群"之文明程度的不同,其具体的规范要求也会呈现出不同,例如"古代野蛮之人,或以妇女公有为道德,或以奴隶非人为道德,而今世哲学家,犹不能谓其非道德"。这里的"道德"实际所指的是伦理,即他所说的"道德之外形"或"道德之条理"❶,与作为主体内在修养的道德不同,伦理与现实生活有着直接的联系,会随着社会生活的变迁而发生变化,也就是在这种意义上,梁启超提出了"道德革命",激励有志之士"纵观宇内之大势,静察吾族之所宜,而发明一种新道德,以求所以固吾群、善吾群、进吾群之道;未可以前王先哲所罕言者,遂以自画而不敢进也"❷。

在与道德相区别的意义上,伦理是基于社会生活和交往而形成的规范,在社会生活中发挥着调节人与人之间、个人与团体之间关系的作用;鉴于此,我们说伦理"起于人与人之交涉",目的在于"利群"这一说法是比较容易理解的;但若提出道德的目的在于"利群",则不太易于理解,因为在中国人看来"德"是不离心的,它是一个人内心所恪守的价值准

---

❶ 梁启超. 新民说 [M] //汤志钧,汤仁泽. 梁启超全集:第二集. 北京:中国人民大学出版社,2018:541.

❷ 梁启超. 新民说 [M] //汤志钧,汤仁泽. 梁启超全集:第二集. 北京:中国人民大学出版社,2018:541.

则，体现的是修养和品质，虽然从"公德"和"私德"通达的本质来说，具备优良善美之品性的人在社会实践中更能够遵守公共伦理规范，体现出"利群"之精神；但就人们的生命体验来说，道德是在践行伦理规范的过程中所形成的内在获得，具有个体性和主观性，在这个意义上，"利群"这一说法是非常抽象的。

同样基于伦理和道德区别的意义，我们说，相比于公德为道德之"源"，公德为道德之"基"是一种更为合适的说法，在这里，"公德"是梁启超所使用的公共生活伦理，道德则是狭义上的。从修养的工夫过程来说，道德不是先验的，它是在践行生活伦理的过程中，使其内化于心而形成的体悟和获得，也就是朱熹说的"德者，得也，得其道于心而不失之谓也"；伦理是道德的基础，是道德生成的路径，所以，人们在公共生活和交往过程中应具备的道德和品质也不能凭空产生，它同样要依赖于公共生活和交往基础以及在此过程中所形成的规范性要求和准则，完备的公共生活伦理是新道德发育的基础和条件。梁启超在分析国人公德缺失的原因时，虽然看到了囿于族群社会的传统生活和交往关系，但在新道德的培育过程中，他忽略了对公共交往生活及伦理基础的关注，而停留在公德品质和精神观念的层面上。

基于公德对近代中国人重要性的理解，梁启超向国人宣传一种进化的道德观，传达"德也者，非一成而不变"的道理，启蒙国人应立足于近代中国社会反思固有之道德，认识并接受与传统不同的新道德。公德为道德之"源"这一主张更像是梁启超道德启蒙活动中的一个口号，强调公德的意义和价值之后，他开展了一场轰轰烈烈的引进西方道德价值观念以补充国人公德的运动。在这其中，他思想中的问题在于没有区分伦理和道德，没有明确公德观念生成所依赖的公共生活伦理基础，所以，这也预示着对现实有着敏锐观察的梁启超在公德问题上改变其主张。

二、公德为私德之"推"

依据"源"的字面意思，我们可以对公德为道德之"源"这一观点做这样的推论，即私德是从公德中引出的，无疑，梁启超并不想得出这样的结论，不但如此，在《论公德》发表一年半之后，他写出了《论私德》，在这其中他又提出公德为私德之"推"的观点。

> 容有私德醇美，而公德尚多未完者，断无私德浊下，而公德可以袭取者！孟子曰："古之人所以大过人者，无他焉，善推其所为而已矣。"公德者，私德之推也，知私德而不知公德，所缺者只在一推。蔑私德而谬托公德，则并所以推之具而不存也。故养成私德，而德育之事思过半焉矣。（《新民说·论私德》）

"推"即推展、扩充，公德为私德之"推"强调了在公德的生成过程中私德所具有的基础和根基地位，这一观点是梁启超在对"采补本无"更新民德方式反思的基础上提出的。1903年，在游历北美的过程中，他对西方政治的实践以及海外华人生活状态有了直接的接触和观察，认识到西方的政治、文化和国民素质有其特殊的社会背景与传统；他也看到深受传统影响的中国人即使生活在这种开放、民主的公共社会中，也依然表现出"有族民资格而无市民资格，有村落思想而无国家思想，只能受专制而不能享自由，无高尚之目的"的缺点，引用法国学者的评论感叹道"国民之心理，无论置诸何地，皆为同一之发现，演同一之式"❶。与此同时，在国内，他也看到曾积极主张的"无组织、无选择、本末不具、派别不明，惟以多为贵"的西学输入并没有实现"发明新道德"的目的，在《论私德》的前言中，他写道："乃近年以来，举国嚣嚣靡靡，所谓利国进群之事业，一二未睹，而末流所趋，反贻顽钝者以口实，而曰新理想之贼人子而毒天下。"这促使他冷静地思考在中国社会和文化背景下国民新道德究竟该如何培育的问题。

> 窃尝举泰西道德之原质而析分之，则见其得自宗教之制裁者若干焉，得自法律之制裁者若干焉，得自社会名誉之制裁者若干焉。而此三者，在今日之中国能有之乎？吾有以知其必不能也。不能而犹云欲以新道德易国民，是所谓磨砖作镜，炊沙求饭也。吾固知言德育者，终不可不求泰西新道德以相补助，虽然，此必俟诸国民教育大兴之后，而断非一朝一夕所能获。而在今日青黄不接之顷，则虽日日闻人说食，而己终不能饱也。（《新民说·论私德》）

作为学习榜样的西方新道德有着其自身的社会和文化传统，移植的方式固然可以把那些新学说、新名词传入中国，但其社会基础和道德传统并没有随之而来，单纯的道德思想知识属于"智育"的范围，它并不必然地转化成内在的修养与品质。道德是"内得于心"的，中国人在公德方面的不足，固然需要学习西方，但公德的培育如果离开道德本身的意义，就会成为"智育的德育"。梁启超认为这种"智育的德育"阻碍、破坏了真正

---

❶ 梁启超. 新大陆游记节录［M］//汤志钧，汤仁泽. 梁启超全集：第十七集. 北京：中国人民大学出版社，2018：211-216.

的德育，不但无助于公德的培育反而能带来相反的结果。

虽然梁启超并没有区分道德与伦理，但在这一反思的过程中，他使用了狭义的道德内涵，强调不论是公德还是私德，在本原上是一体的，都是出于"良心之自由"，二者的区分"不过假立之一名词，以为体验践履之法门"❶。其实，在本原的意义上，公德和私德这种说法本身就是没有意义的，因为"德"是个体性的、内在的，是一个人基于伦理生活实践所形成的内在心得或感悟，是内在的品质或修养，在中国人看来，"德"不离心，属于个体修身、善己的范畴，在这个意义上，"德"都是私德。当公德和私德回归到这种意义上时，公德为私德之"推"这一观点是成立的，也就是说，所谓公德是人们在社会公共生活和交往过程中所表现出来的对内心道德理想和价值准则的恪守与践行，它是内心之德在公共生活中的推及和扩展。

从这一层面来思考公德问题时，在借鉴的资源方面，自然转向了传统的道德学说，从传统走出来并深刻体悟儒家道德精神的梁启超相信私德是儒家道德思想擅长的课题，因为修身是其道德思想的核心。❷ 所以，梁启超遂将国民新道德培育的方式侧重于"淬厉本有"，并指出，"疗病者无论下若何猛剂，必须恃有所谓'元神真火'者，以为驱病之原，苟不尔者，则一病未去，他病复来，而后病必更难治于前病。故一切破坏之言，流弊千百，而收效卒不得一也。"❸ "淬厉本有"也就是寻找"元神真火"的过

---

❶ 梁启超. 新民说 [M] //汤志钧, 汤仁泽. 梁启超全集：第二集. 北京：中国人民大学出版社, 2018：634.
❷ 张灏. 梁启超与中国思想的过渡：1890—1907 [M]. 崔志海, 葛夫平, 译. 南京：江苏人民出版社, 2005：162.
❸ 梁启超. 新民说 [M] //汤志钧, 汤仁泽. 梁启超全集：第二集. 北京：中国人民大学出版社, 2018：643.

程，在这其中，他对中国文化进行了系统的整理，展开了先秦诸子学和佛学的研究，其中，儒学无疑是其关注的重心，他说，"儒家哲学，不算中国文化全体，但是若把儒家抽去，中国文化，恐怕没有多少东西了。中国民族之所以存在，因为中国文化存在，而中国文化，离不了儒家。"❶ 借助于近代价值观念对儒学进行阐释和解读，他把儒学定义为人生哲学，认为其核心在于修己安人，内圣外王，"即专注重如何养成健全人格，人格锻炼到精纯，便是内圣；人格扩大到普遍，便是外王。"❷ 儒家道德体现着"推己及人"的特征。

"采补本无"和"淬厉本有"在梁启超的思想中并不冲突，他说："新之义有二：一曰，淬厉其所本有而新之；二曰，采补其所本无而新之。二者缺一，时乃无功。先哲之立教也，不外因材而笃与变化气质之两途，斯即吾淬厉所固有采补所本无之说也。一人如是，众民亦然。"❸ 虽然在他最激进的时期，依然保持着对儒家的道德信任，最保守的时期也依然没有放弃学习西方，但在他的具体实践中，基于对公德问题关注的重心不同，其所致力的方向也是不同的，从"采补本无"到"淬厉本有"代表着对补公德问题的思考过程。其实，不论是"采补"还是"淬厉"，他都努力接通，一方面，将引入的新道德新价值观念与中国固有的道德精神相接通；另一方面，在阐释儒家道德时，又努力接通其与近代国家和公共生活的关系，体现着"守本开新"的精神。

当梁启超的观点从强调"采补本无"转向侧重"淬厉本有"时，他基

---

❶ 梁启超. 清代学术概论·儒家哲学[M]. 天津：天津古籍出版社，2003：156.
❷ 梁启超. 清代学术概论. 儒家哲学[M]. 天津：天津古籍出版社，2004：156.
❸ 梁启超. 新民说[M]//汤志钧，汤仁泽. 梁启超全集：第二集. 北京：中国人民大学出版社，2018：533.

本上形成了以儒家道德为本位,吸纳西方道德价值观念培育国民新道德的思路。这一思路固然立足于道德最本质的内涵,但公德和私德之"推"能够实现吗?这是实践中我们面临的问题。

第三节　私德是否是公德生成的原因

　　重视私人交往伦理和道德修养是中国传统道德的重要特征,从这一点固然可以得出"偏于私德,而公德殆阙如"的结论,但在中国社会背景条件下,"补公德"问题不能脱离这一道德传统。梁启超提出的公德为私德之"推"的观点从个体的角度展现出了道德由内而外、推己及人的生命历程,但在社会范围内,这一"推"能否实现则取决于这种生命的历程能否得到充分的保障。梁启超基于道德本原和对中国人道德传统的理解,强调私德在公德生成过程中的基础性作用,提出了公德要与我们本有的根基相接通的观点,这一观点虽然非常重要,但在他的思想中并没有呈现出这一接通的实现方式。本节以梁启超的公德观点为立足点,分析从私德到公德这一"推"实现的可能性。

一、公德立于"群"

　　综观梁启超对公德的理解,能够发现他的公德观念与"群"有着密不可分的关系,一方面,他强调"道德之立,所以利群也",认为公德的社会作用体现在利群上;另一方面,又强调公德的孕育和发展离不开"群"这一现实的基础。"群"是理解梁启超公德观念的一个重要范畴,虽然不是独创的，但他阐述出了其中的新义，并因此体现出其公德问题上的许多主张。

在梁启超的思想中，"群"的概念出现得很早，1896年在《变法通议》中其说明了"群"之优与"独"之劣。❶ 1897年，在题为《说群》的文章中，他分析了"合群"之必要性和必然性，❷ 提出在政治统治中要以"群术"取代"独术"，在其后的思想发展和演变过程中，"群"涉及了政治整合、政治参与、政治合法性以及政治共同体的范围等重大问题，所以，"群"这一概念的意义在他的思想中几乎是不会被过分强调的。❸ 梁启超对"群"的重视和倡导无疑与民族危亡中"一盘散沙"的现实是有直接关系的，增强民族凝聚力、唤醒麻木不仁的国人是近代启蒙的核心内容，在这其中，作为启蒙思想家，他不仅宣传了合群的意义，而且明确了群的内容，在近代意义的基础上分析了其内涵。

作为社会整合的概念，首先，"群"是从近代国家的意义上来谈的，不同于传统的天下群，也不包含王权制度。梁启超明确"国群"和"天下群"的区别，虽然没有彻底否定传统的天下理想，但明确说明在近代社会"一国者，团体之最大圈，而竞争之最高潮也"，是"私爱之本位，而博爱之极点，不及焉者野蛮也，过焉者亦野蛮也"，将国人从虚无缥缈的天下拉回到现实中，并以民族国家的形式整合之，在这一层面上，"群"无疑

---

❶ "道莫善于群，莫不善于独。独故塞，塞故愚，愚故弱；群故通，通故智，智故强。"见：梁启超. 变法通议[M]//汤志钧，汤仁泽. 梁启超全集：第一集. 北京：中国人民大学出版社，2018：50.
❷ "是故横尽虚空竖尽劫，劫大至莫载，小至莫破，苟属有体积有觉运之物，其所以生而不灭存而不毁者，则咸恃合群为第一义。"见：梁启超. 说群一[M]//汤志钧，汤仁泽. 梁启超全集：第一集. 北京：中国人民大学出版社，2018：198.
❸ 张灏. 梁启超与中国思想的过渡：1890—1907[M]. 崔志海，葛夫平，译. 南京：江苏人民出版社，2005：53.

应具备"公共"的特征，因为近代国家不是传统的"一家之私产"。其实，作为社会政治整合的方式，在传统思想中，荀子关注着"群"，在他那里，"群"被理解为人类团体，并被看成是人类区别其他动物的明确特征，但在"群"的基础上，荀子引出规范的重要性，进而使确立一位保持和贯彻这些规范的统治者成为必要，使王权的确立成为必要。[1] 梁启超否认王权的意义，认为传统君主的统治本质上是"独术"，王权首先是为了维护自身的利益，而背离了公共服务的宗旨，是破坏"群"的根源，造成了"人人皆知有己，而不知有国"的状况，立足于近代政治的特征和社会发展的要求，他主张以"群术"取代"独术"，要求治国者"知君与民同为一群之中之一人"，引发出政治民主、民众政治参与等传统观念中所没有的内容，体现出"群"所包含的"公"的特征。

其次，梁启超思想中的"群"超越了传统的家族群体观念。在传统社会，"群"一方面被扩展到天下，另一方面被缩小到家庭和家族，相对于一己来说，家庭或家族是个体存在所依赖的首要群体，借助于家国同构的社会组织方式，家庭伦理关系社会化，"群"具有强烈的宗法色彩和私人关系特征。但"公共心"或"公共观念"是梁启超"合群"思想的重要内容，"公共"体现着一种非排他性的关系，它不是以血缘为基础的私人交往关系的扩展，也不是根据"爱有差等"的原则"推己及人"的仁爱，在本质上，它代表着团体和个人之间的一种普遍性关系。梁启超所强调的"群"指的就是这种以非排他性的公共关系为基础的团体或群体，它是随着近代社会的发展而逐渐出现的，超越了传统的家庭和家族，而强调其社

---

[1] 张灏. 梁启超与中国思想的过渡：1890—1907 [M]. 崔志海, 葛夫平, 译. 南京：江苏人民出版社, 2005：55.

会群体的意义。

在梁启超的思想中,"群"可以指代民族国家、政治组织、社会团体等在近代社会中逐渐形成和发展起来的新的社会组织形式,他摆脱了这一概念的传统意义,而赋予其"公"的特征,但基于近代中国内忧外患的社会形势及社会有机体理论的影响,他对"公"的理解具有整体的倾向,即合私人于一体而成的"公",而非基于私人之间的交往关系形成的"公共";他的这种理解方式虽然突出了私人和团体之间的关系,对作为国家或社团基础的个体之间的关系却没有做出相应的关注,这是他思想中的一个重要问题。

二、私德推及公德的可能

有学者对公德为私德之"推"的观点进行过批评性的讨论,[1] 从五方面证明了"私德外推即为公德"的错误,他的观点包括:第一,"一私人与他私人交涉之道义",不能推出私人与公人交涉之道义,因为前者属于家族伦理范畴,以血缘宗法关系为基础,具有私人性、闭合性和自律性特点,交往范围限于熟人圈子,主要依靠情感力量进行调节;后者属于公共生活伦理,以公共利益为基础,具有开放性、流动性和程序化特点,交往范围是公共生活空间,主要依靠理性规则或契约进行调节。第二,个体道德不能推出社会道德,因为个体道德是个人对自身的关系,社会道德是个人与他人的关系;个人对自身的关系,乃是心灵对身体的观照,强调个体

---

[1] 程立涛,苏建勇. "私德外推即为公德"吗?:兼论梁启超的公德私德观 [J]. 河北师范大学学报:哲学社会科学版,2007 (2):54–58.

自律，个人对他人的关系，属于不同主体之间的关系，注重社会他律。第三，中国历史上悠久丰厚的私德，并没有推出合乎近代需要的公德。第四，西方发达国家成熟的公德不是私德外推的结果。第五，我国当代社会的公德，是公共利益发展和自觉的公德建设的产物。作者最后认为这种"外推论"在本质上是运用传统私德思维解决公德问题，对传统私德思维不加批判地使用，把它看成公德生成的基本途径，乃是走向"外推论"误区的根本原因。这一批评性的观点主要立足于社会公共生活与个体私人生活在交往方式和范围上的不同来证明"外推论"的不成立，的确，公共交往伦理和私人交往伦理存在巨大的不同，从传统的"五伦"中很难推出公共生活和交往过程中的伦理规则，并且从个体内心所追求的道德理想及恪守的价值准则也很难推出社会生活中必然应存在的规范与要求，作者从这个角度来说明是能够成立的，但问题在于他对"推"本身的理解存在偏差。

虽然在界定私德和公德概念时，梁启超赋予了私德过于广泛的意义，既包含着个体的善己之德也包含着私人交往之伦理，而公德则是狭隘的意义，强调利群，是个体与团体的交往伦理，但当他思考公德为私德之"推"问题时，对"德"的理解回到了主体之"德"的层面上，道德之本原"出于良心之自由"，是主体内在的修养与品质；这种"德"对于主体自身来说，被称为修身之德、善己之德，发之于外，体现在交往生活中，被称为"公德"，这在他基于对群己关系的理解而强调的公德意义中可以看出来，"所谓公德云者，就其本体言之，谓一团体中人公共之德性也；

就其构成此本体之作用言之,谓个人对于本团体公共观念所发之德性也。"❶ 不论私德还是公德,其本原是一体的,二者的区别是基于个体对于自身、对于有特殊关系的私人、对于公共生活中的他者或者团体这些对象或者生活领域的不同而产生的,虽然存在区别,但仍属于"德"的同一序列,在这种意义上,从理论上来说,推己及人是能够成立的。所以,"推"并非作者所理解的从私人交往伦理"外推"出公共交往伦理、从个人道德"外推"出社会、从传统的私德推出合乎近代需要的公德,它强调的是主体方面,道德的生命历程,包含着主体的道德理性与自觉。

虽然公共交往生活和私人交往生活存在巨大的不同,但在"德"的层面上,"理为一",这为"推"的实现提供了基本的前提,只是在这其中仍然存在问题,即"德"是如何产生的?是源自先验存在的至善的"天理"还是"不学而知""不虑而能"的内心道德直觉抑或是现实伦理生活的内化与提升?在这一问题上,梁启超并没有表明其观点。

虽然中国传统道德思想提供了"德"的各种主观或客观的本原,但古代圣贤从不同的角度论证道德,其意义在于阐明了道德的精神与价值,提出道德修养的必要性和途径方法。道德并不是先验存在,它是我们在践行伦理生活的过程中逐渐产生的,而伦理与现实有着密切的联系,是在社会生活和交往过程中,基于人们的共识而形成的各种规范与准则要求;所以,道德虽然是主体内在的心得与品质,但它的形成离不开具体的交往实践和伦理规范,基于自身或私人交往伦理生活而形成的德被称为私德,在公共交往生活和公共交往伦理生活过程中形成的德被称为公德。传统中国

---

❶ 梁启超. 新民说 [M] //汤志钧,汤仁泽. 梁启超全集:第二集. 北京:中国人民大学出版社,2018:633.

是以宗法血缘为基础的，私人交往关系居主导地位，私人交往伦理得到了充分的发育，所以，中国人具有深厚的私德传统，但中国社会是在外力的推动下开始近代化的转型与发展的，由于缺乏充分的内部驱动力和准备，公共交往生活发展非常缓慢，"直到20世纪初还没有可以称作公共交往伦理或公民伦理的那些习惯、态度和行为方式"[1]，在这种条件下，如何才能实现私德到公德的这一推？

公德为私德之"推"是立足于个体的角度来说的，即具有良好道德修养的人能够在公共生活和交往过程中表现出相应的品质与自觉，表现出对公共交往伦理的自觉践行与恪守，在这其中，公共交往伦理的健全是公德形成的基础，也是私德向公德之"推"实现的保障。所谓公共交往伦理不健全，指的是人们的社会生活和公共交往缺乏普遍性的共识与规范，它的原因在于公共生活的不发育，结合中国社会的情况，可以说其根源在于商品经济发展的缓慢。公共交往伦理的完备和健全需要一个缓慢的过程，在这种条件下，以国家强制力为后盾的制度能为转型中的社会提供基本的秩序与规范，所以，在中国这个具有深厚道德传统而公共交往生活不完备的社会中，借助制度的中介，私德到公德之"推"更易于实现。

三、未显现的交往伦理

在近代国人道德问题上，梁启超看到了公德的缺失，并理解这一缺失所产生的原因，提出"补"公德的主张，但基于他对公德概念的狭隘界

---

[1] 廖申白. 论公民伦理——兼谈梁启超的"公德"、"私德"问题[J]. 中国人民大学学报，2005 (3)：83-88.

定，在其思想展开的过程中，经历了从强调"淬厉本有"到注重"采补本无"的转变，从批评传统道德偏于私德，引入西方道德和价值观念启蒙国人的公德意识开始，到分析私德对公德生成的基础性作用结束，这个逻辑是令人费解的。总的来说，梁启超对问题的观察及"补"的这一主张是准确和深刻的，但究竟该如何"补"，国人的公德才能完备起来，在这一问题上，他并没有找到明确的答案，所以，即使到了20世纪20年代，面对依旧麻木的国民，他虽痛心却仍致力于爱国、自治、公共心的宣传，只是将着力点放在呼吁国民自觉"去其私心"上。依据这一补公德的思路，我们能够看到，他所期望的公德其实是无法补足的，这一结果产生的原因在于他没有在与伦理相区别的意义上理解道德，对公德问题的思考缺乏对交往伦理的关注。

在近代社会背景下，公德被认为是"唯一能够促成团结的合群剂"❶，关注"一私人对于一团体之事"，在国民的品质方面被定义为爱国精神和公共观念，这种理解虽然体现着典型的时代特征，但从主体来说，它也是人们内心的自觉在公共生活领域中的表现，而这种内心的自觉并不能凭空形成，从根本上说依赖于公共交往生活和交往伦理的践行。而在近代中国，这种交往生活和交往伦理都是严重不健全的，因为中国传统社会是以农业为基础的宗法社会，对土地的依赖使得人们群族而居，在这其中，人们的生活和交往是以血缘和有限的地域为基础的，交往的双方一般有着某种特定的私人关系，例如家人、亲戚、朋友等，所应遵循的规范和要求也因为宗法人伦秩序的维系而变得非常明确。在两千多年的发展中，传统社会的生产方式和生活方式没有发生质的变化，所以，人们的私人交往关系

---

❶ 浦嘉珉. 中国与达尔文 [M]. 钟永强，译. 南京：江苏人民出版社，2009：258.

以及与之相应的私人交往伦理都得到了充分发育，但公共生活和公共交往发展十分滞缓，"农耕的村社社会的僵固性，家族聚居生活的排外性使得中国乡村公共交往生活不发育，皇权对城市社会的超强控制也使得城市社会的公共交往生活的发展受到极大限制"❶，基于公共交往生活的不发育，公共交往关系中应遵循的规范与原则在中国人的观念中并未建立起来。近代中国，急迫的民族危机将传统的"部民"转化为"国民"，但在外力推动下开始转型和发展的中国，在社会公共生活和公共交往方面都缺乏充分的积累，公民交往伦理的缺失也不会因为民族危机的急迫而迅速健全。

梁启超虽然区分过伦理和道德❷，但他在分析问题的过程中，并未在区别的意义上使用，这限制了他对二者关系的思考，在补公德的问题上，停留在道德精神和价值观念的层面上，而没有关注道德生成所依赖的伦理基础。虽然良好的道德修养和新价值观念的启蒙都能够使人们对公共交往生活中的规范和要求表现出更适当的态度和尊重，但补足国人所缺失的公共交往生活和交往伦理却是问题解决的关键，当然这从根本上来说依赖公共生活领域的扩展和公共交往的普遍化。梁启超分析近代国人公德缺失的原因以及补足途径时都没有对这一层面给予重视，这是他陷入以通过培育私德而提升国民公德怪圈的重要原因。

---

❶ 廖申白. 论公民伦理——兼谈梁启超的"公德"、"私德"问题 [J]. 中国人民大学学报，2005 (3)：83-88.

❷ 在《新民说·论私德》中，梁启超说，"道德与伦理异，道德可以包括伦理，伦理不可以尽道德。伦理者或因于时势而稍变其解释，道德则放诸四海而皆准，俟诸百世而不惑者也。"

第四章　近世中国的道德问题（二）：理不清的私德

作为一个对中国社会有着深刻观察的启蒙思想家，梁启超在关注公德缺失的同时，认为近代国人的私德状况也并不乐观，他看到传统的仁爱自强之德被贪鄙、偏狭、凉薄、虚伪、谄阿、暴弃、偷苟之性蒙蔽，民众表现出卑劣的奴性，士人丧失了其立身处世的气节风范，对此他感叹道"私德之堕落，至今日之中国而极"[1]，面对这一状况，他分析原因并寻求改进的途径。梁启超关于私德问题的思考引导我们去关注危局乱世中的民风民德，但在他的思想中存在这样一个转变，即对私德堕落状况的观察是面向全体国民的，关注的是整个社会道德的堕落，在分析的过程中却转向了作为"少数国民中之最少数者"的志识阶层，强调他们的道德修养的提升在整个社会中的作用和影响。这一思想的转向体现着儒家道德学说对他的影响，但在其分析思路中，基于对私德的狭隘性理解，他并未理清近代国人私德堕落的原因，也没有找到改进国人私德的切实可行的途径与方法。这些问题的产生从根本上来说与他对私德的理解是密切相关的，本章主要对他的这一思考进行梳理和讨论。

---

[1] 梁启超. 新民说[M]//汤志钧，汤仁泽. 梁启超全集：第二集. 北京：中国人民大学出版社，2018：634.

第一节　国人私德堕落

一、普通人士：心死与奴性

虽然孟子的"大丈夫"人格被理解为士人修养的目标和理想，但不可否认的是它对传统的中国人有着普遍的影响，"富贵不能淫，贫贱不能移，威武不能屈"所体现出的刚毅、坚定不移的气节和情操，是传统国人修养品格中的重要精神，也是社会善美之风俗形成的主体性原因；但在近代中国社会，国人却表现出一种集体的奴性，"举国之大，竟无一人不被人视为奴隶者，亦无一人不自居奴隶者。"

> 昔有某画报绘中国人之状态者。图为一梯，梯有级，级有人，级千百焉，人无量数焉。每级之人，各皆向其上级者稽首顶礼，各皆以足蹴踏其下级者。人人皆顶礼人焉，人人皆蹴踏人焉。虽曰虐谑，亦实情也……吾无以名之，名之曰奴性而已。（《中国积弱溯源论》）

奴隶既没有自主之力又缺乏独立之心，饮食起居、衣食住行都依赖于主人，他们愚昧、怯懦、贪鄙、好伪。奴性是在长期的封建统治下形成的人们安分柔顺、依赖推诿的顺民性格以及安于奴隶地位的奴才意识，是一种被扭曲的人格，使人泯灭了自我意识和群体观念，处于冷漠麻木的状态。❶ 梁启超认为"中国数千年之腐败，其祸极于今日，推其大原，皆必自奴隶性而来，不除此性，中国万不能立于世界万国之间"❷。

但他看到近代国民，不论是有权势者、居上流者还是聪明俊秀第一等之人都以学奴隶为事，"不有此性，则不能一日立于名利场薮间也"❸，上流之人尚且如此，寻常百姓、乡曲小民又能奈何？他们一直都视官吏如天帝，望衙门如宫阙，在这种充满恶风恶俗的环境之中，更加顺势而生，无一人不被人视为奴隶，亦无一人不自居奴隶。"一国之人转相仿效，如蚁附膻，如蝇逐臭，如疫症之播染，如肺病之传种。"❹

梁启超悲叹"人必自侮，然后人侮之"！在对国人奴性的揭露过程中，他对比了中西民众面对压制时的反应，他说："西国之民，有被压制于政府者，必群集抗论之、抵拒之，务底于平而后已。政府之压制且然，外族之压制更无论矣。若中国则何有焉，忍气吞声，视为固然。"❺ 心死与奴性是近代民众表现出的典型品性。

儒家道德强调"德"发之于心，体现着真实的情感，但丧失主体性人格的奴性必然包含着"伪"，在近代社会生活和交往过程中，国人的"好伪"之性充分地表现了出来："君之使其臣，臣之事其君，长之率其属，属之奉其长，官之治其民，民之待其官，士之结其耦，友之交其朋，无论

---

❶ 孟昭红. 二十世纪初梁启超对国民劣根性的揭露与批判 [J]. 学术交流，2000（3）：122-124.
❷ 梁启超. 致康有为 [M] //张品兴. 梁启超全集. 北京：北京出版社，1999：5922.
❸ 梁启超. 致康有为 [M] //张品兴. 梁启超全集. 北京：北京出版社，1999：5922.
❹ 梁启超. 中国积弱溯源论 [M] //汤志钧，汤仁泽. 梁启超全集：第二集. 北京：中国人民大学出版社，2018：258.
❺ 梁启超. 中国积弱溯源论 [M] //汤志钧，汤仁泽. 梁启超全集：第二集. 北京：中国人民大学出版社，2018：258.

何人，无论何事，无论何地，无论何时，而皆以'伪'之一字行之。"❶梁启超认为"伪犹可疗也，伪而好之，不可疗也"，但在近代社会，奴隶之"好伪"已经浸染到国人的行为习俗中，"不自觉其为伪""以为固然"，即使"作伪情状"败露，而信之者仍津津乐道。

梁启超曾经将近代国人所表现出的劣极性认为是公德的缺失，但基于对个体道德的理解，他又将其归为私德的堕落，其实在公德和私德二者之间，他认为"私德绝非只是个人问题，它的首要价值仍在于有助于群体的集体利益"❷，在近代社会救亡图存的条件下，他的道德观体现着典型的集体主义特征，这在对志识阶层的道德观察过程中有着更直接的体现。

二、志识阶层：自放与自文

在审视国人私德的过程中，当梁启超将关注的目光转向那些有教养、有文化、应当在社会中承担先觉者和领导者角色的志识阶层时，他看到了两种景象：清流名士者追求束身寡过，有骨鲠有血性之士强调一切破坏。前者认可修身、善己之意义，但面对应承担的社会责任时，则嬉笑怒骂、谦卑暴弃或呜呼哀叹；后者则在救国激情的推动下，倡导"惟建设需要道德，而破坏则无需道德"❸，传统的道德连同"数千年横暴浑浊之政体""数千年腐败柔媚之学说"一并被破坏掉，他们崇尚新道德而放弃旧道德，

---

❶ 梁启超. 中国积弱溯源论［M］//汤志钧，汤仁泽. 梁启超全集：第二集. 北京：中国人民大学出版社，2018：261.

❷ 张灏. 梁启超与中国思想的过渡：1890—1907［M］. 崔志海，葛夫平，译. 南京：江苏人民出版社，2005：88.

❸ 梁启超. 新民说［M］//汤志钧，汤仁泽. 梁启超全集：第二集. 北京：中国人民大学出版社，2018：642.

在醉心西学的过程中力图摆脱传统。志识阶层所表现出的这两种状态都可以被称为"自放"或"自文"。"自文"即自我文饰,掩盖过错;"自放"即自我放纵、自我放逸,摆脱礼法的束缚,当二者用于说明近代志识阶层的私德状况时,描述的是他们自我任性、放纵,放弃社会责任、放松个人道德涵养,或称名借号于爱国以"济其私满其欲",不足以承担社会道德教化者的状态。

在儒家思想中,"德"虽然具有主体性和内在性,但强调推己及人、推己及物、民胞物与,也就是"内得于己""外得于人",个体的修身与社会生活和责任并不矛盾。在后世的演变过程中,"曲士贱儒"动辄援"不在其位,不谋其政""济人利物非吾事,自有周公孔圣人",虽注重个体的道德修养,但切断了其与社会生活的关系,放弃儒者济世安民的责任与使命,在救亡和转型近代社会中,沦为自恃清高的旁观者。与这种束身寡过的麻木之国民相反,有血性的勇猛救国志士急切地投入救国救民的实践活动中,他们反对说理空谈,面对千疮百孔、了无生机的病态社会愤慨之极,"欲翻根柢而改造之"[1];他们倡言"一切破坏",试图打破传统的制度、规范、道德与观念,并认为"惟建设需道德,而破坏则无需道德"[2]。这在实践中呈现出很多问题,例如,在道德方面,"不足以范围天下之人心"的旧道德被决而去之,体现典型公德特征的新道德学说作为救亡的工具被引入,本源出自个体自觉与良心的德育变成了学习西方伦理学知识的智育;爱国救国在志识阶层中成为获取个人私利、满足个人私欲的口号,

---

[1] 梁启超. 新民说[M]//汤志钧,汤仁泽. 梁启超全集:第二集. 北京:中国人民大学出版社, 2018: 643.
[2] 梁启超. 新民说[M]//汤志钧,汤仁泽. 梁启超全集:第二集. 北京:中国人民大学出版社, 2018: 642.

并且他们不但不以为耻，反以为傲；成大事者不拘小节也成为文饰个体道德修养不足的借口。

面对志识阶层的这种状态，梁启超说："惟中国前途，悬于诸君，故诸君之重视道德与蔑视道德，乃国之存亡所由系也。"❶ 此处之道德，指的是本原出于良心的人格涵养。他以英、美、日之革命豪杰为例说明"任事者"即使从事救国与破坏事业之人，也需要高尚纯洁之道德❷，否则，"一误其途，其功之万不足以偿其罪也"❸。同时，他也指出虽"任事者必须道德若此"，但人心腐败的病态社会，机变之巧，迭出相乘，本身易于漓汩人之修养，所以更应息息自克，不应自放自文，并借曾文正的感受来说明：

> 曾文正与其弟书云："吾自信亦笃实人。只为阅历世途，饱更事变，略参些机权作用，倒把自家学坏了。"以文正之贤，犹且不免，而他更何论也？（《新民说·论私德》）

三、国人私德堕落的原因

关于近代国人私德之堕落，梁启超说"至今日之中国而极"，究其原

---

❶ 梁启超. 新民说 [M] //汤志钧，汤仁泽. 梁启超全集：第二集. 北京：中国人民大学出版社，2018：644.

❷ "诸君亦知二百年前英国革命之豪杰为何如人乎？彼克林威尔实最纯洁之清教徒也。亦知百年前美国革命之豪杰为何人乎？彼华盛顿所率领者皆最质直善良之市民也。亦知三十年前日本革命之豪杰为何如人乎？彼吉田松荫西乡南洲辈皆朱学王学之大儒也。"见：梁启超. 新民说 [M] //汤志钧，汤仁泽. 梁启超全集：第二集. 北京：中国人民大学出版社，2018：644.

❸ 梁启超. 新民说 [M] //汤志钧，汤仁泽. 梁启超全集：第二集. 北京：中国人民大学出版社，2018：645.

因,"甚复杂不得悉数",❶ 但有五个方面非常重要的原因如下。

其一,专制政体之陶铸。

在梁启超的观念中,中国社会由贤人在位到君主专制的过程中包含着民风民德的败坏,因为政治统治方式引领着社会的价值方向,对民众具有教化和引导作用。"三王"时代,天下为公,尊贤使能,俊杰在位,统治者仁爱百姓,整个社会拥有一种尊贤重德的风气,在这种条件下,民德的提升、民风的善美,具有现实的动力和需求;但伴随着"家天下"的发展,当天下成为一家之私产的时候,专制体制开始出现,"尊贤"逐渐地演变为"尊帝王""尊权势",醇美至善的社会风气在防弊与争夺中变质,"在上者"多行不义,贵族专尚诈虞;"在下者"不会守正不阿,平民也不能独崇廉耻。

中国社会自秦王朝开始进入了"典型专制政治"时代,其间历代王朝虽对秦制有所损益,但基本都沿袭专制政体,❷ 所以,梁启超说:"吾民族数千年生息于专制空气之下,苟欲进取,必以诈伪,苟欲自全,必以卑屈",并借助于"优胜劣败、适者生存"的进化论学说,说明"其最富于此两种性质之人,即其在社会上占最优胜之位置者也,而其稍缺乏者,则以劣败而澌灭,不复能传其种于来裔者也"。❸ 并且,在这种政治体制下,即使有"攘臂为生民请命"的"达识热诚之士",也不得不用诡秘之道、偏激之行。所以,两千年的封建专制统治,是近代国人私德堕落的历史

---

❶ 梁启超. 新民说 [M]//汤志钧,汤仁泽. 梁启超全集:第二集. 北京:中国人民大学出版社,2018:634.
❷ 徐复观. 封建政治社会的崩溃及典型专制政治的成立 [M]//李维武. 徐复观文集:第5卷. 武汉:湖北人民出版社,2009:81.
❸ 梁启超. 新民说 [M]//汤志钧,汤仁泽. 梁启超全集:第二集. 北京:中国人民大学出版社,2018:634.

原因。

其二，近代霸者之摧锄。

在"霸者私有天下"的社会，君主具有绝对的权威，在道德方面，通过政治和文化统治方式，其对民德的"污隆升降"能产生重要的影响，梁启超考察了中国传统三千年来的风俗之差异，认为自秦汉至五代，其间的"民俗之靡靡，亦由君主之淫乱有以扬其波也"❶，"宋俗之美"主要原因虽不在君主，但君主仍发挥了重要的作用。

清代以来，封建君主为了更好地维护其专制统治，在文化上做出了一系列的举动：在顺、康年间，"开博学鸿词以縶遗逸"，使"晚明士气，斫丧渐尽"；到雍、乾统治时"以悍鸷阴险之奇才，行操纵驯扰之妙术，摭拾文字小故以兴冤狱，廷辱大臣耆宿以蔑廉耻，又大为《四库提要》、《通鉴辑览》等书，排斥道学，贬绝节义"❷。清统治者的文化专制政策，一方面，直接破坏了传统的民风和民德，使顺应、服从成为最能适应当时社会状况的美德；另一方面，由于文化的高压，"学者的聪明才力，只有全部用去注释古典"❸，考据学发展起来，极大弱化了知识分子"明道""传道"的社会责任，也降低了其对"小人之德"的影响和引导力。这些文化摧锄政策虽然出现在清王朝的中前期，但其社会影响力不仅仅在当时产生，梁启超说，"百余年前所播之恶果，今正荣滋稔熟"❹。

其三，屡次战败之挫沮。

---

❶ 梁启超. 新民说 [M] //汤志钧，汤仁泽. 梁启超全集：第二集. 北京：中国人民大学出版社，2018：635.
❷ 梁启超. 新民说 [M] //汤志钧，汤仁泽. 梁启超全集：第二集. 北京：中国人民大学出版社，2018：636.
❸ 梁启超. 中国近三百年学术史 [M]. 太原：山西古籍出版社，2001：21.
❹ 梁启超. 新民说 [M] //汤志钧，汤仁泽. 梁启超全集：第二集. 北京：中国人民大学出版社，2018：636.

梁启超对国家之战乱和国民品性之间的关系做了细致的分析，认为"内乱者，最不祥物也。凡内乱频仍之国，必无优美纯洁之民"[1]。因为不论胜败，其影响均在本族。内乱会导致民众的六种恶性：侥幸性、残忍性、倾轧性、狡伪性、凉薄性、苟且性；并且，内乱之后，民众会再出现两种恶性：恐怖性和浮动性。伴随着内乱，人的修养被破坏，亲情变得冷漠，残忍狡诈成为司空见惯，人人自危，无复远计；对个体来说，摧毁了内心的希望和意志，"哀莫大于心死"，在未来没有希望的条件下苟且偷生，易于滋生出自私为我、依赖顺从的奴隶性。如果是"暂乱偶乱"，通过新政府的培育陶冶，民风能够得到补救；但如果"久乱频乱"，补救起来就比较困难。

相比于内乱对民德的直接破坏，梁启超并没有直接否认对外战争，认为其可以作为国民教育的一种方式，这体现着其对近代民族国家及国民竞争之大势的理解。他说主动发动的战争，一般不会影响到境内民众，这时"惟发扬其尚武之魂，鼓舞其自尊之念"[2]；遭受侵略，被动应战，"其影响虽与内乱绝相类，而可以变侥幸性为功名心，变残忍性为敌忾心，变倾轧性为自觉心，乃至变狡伪性而为谋敌心，变凉薄性而为敢死心，变苟且性而为自保心。"[3]所以，某种程度上可以将外患理解为坏事变好事的诱因。"多战一次，民德可高一级"，这一作用得以实现的条件是对外战争一定要获胜，若战败而被征服，"则其国民固有之性，可以骤变忽落而无复

---

[1] 梁启超. 新民说 [M] //汤志钧，汤仁泽. 梁启超全集：第二集. 北京：中国人民大学出版社，2018：636.
[2] 梁启超. 新民说 [M] //汤志钧，汤仁泽. 梁启超全集：第二集. 北京：中国人民大学出版社，2018：637.
[3] 梁启超. 新民说 [M] //汤志钧，汤仁泽. 梁启超全集：第二集. 北京：中国人民大学出版社，2018：637.

痕迹"。

近代中国内乱外患持续不断，西方列强用坚船利炮打开中国国门，割地赔款，划分势力范围，实行殖民统治；太平天国农民起义、义和团运动等此起彼伏，半个多世纪里，中国人生活在内乱和战败所带来的动荡、恐慌的社会环境中，所以，"国民之失其人性，殆有由矣！"❶

其四，生计憔悴之逼迫。

"仓廪实而知礼节，衣食足而知荣辱"，民德状况受生计条件的影响，梁启超说，虽然不能排除少数"畸异绝俗之士"，其人格修养和道德既不受专制魔力所束缚，又不会因无恒产而被消磨，但"多数之人民，必其于仰事俯蓄之外，而稍有所余裕，乃能自重而惜名誉，泛爱而好慈善，其脑筋有余力以从事于学问，以养其高尚之理想，其日力有余暇以计及于身外，以发其顾团体之精神。而不然者，朝饔甫毕，而忧夕飧，秋风未来，而泣无褐，虽有仁质，岂能自冻馁以念众生，虽有远虑，岂能舍现在以谋将来！"❷

在"君子德风""小人德草"的观念中，"小人之德"固然需要精英阶层的教化和引导，但丰衣足食、安居乐业的物质生活条件在其道德善美的过程中却发挥着更基础的决定性作用，但自清代中后期以来，社会动荡、自然灾害、徭役赋税使得民不聊生，对西方列强的巨额赔款进一步恶化了民众的生计条件，"国民富力统计，每人平均额不过七角一分有奇"❸，

---

❶ 梁启超. 新民说 [M] //汤志钧, 汤仁泽. 梁启超全集：第二集. 北京：中国人民大学出版社, 2018：637.
❷ 梁启超. 新民说 [M] //汤志钧, 汤仁泽. 梁启超全集：第二集. 北京：中国人民大学出版社, 2018：638.
❸ 梁启超. 新民说 [M] //汤志钧, 汤仁泽. 梁启超全集：第二集. 北京：中国人民大学出版社, 2018：638.

民风败坏、民德堕落是这种生存状况所产生的结果。

其五，学术匡救之无力。

梁启超说，前四者是"养成国民大多数恶德之源泉"，但对志识阶层来说，其私德的堕落受到儒家学统变迁的影响。注解疏证、探讨心性、阐发微言大义是儒者学术研究的重要方式和主要内容，在这一过程中，君子之道和圣世理想被继承发展，并且这一发展模式也赋予了传统儒者除了知识分子这一身份之外更丰富的内涵，在他们的观念中，知识与义理、学问与圣道是合而为一的，他们以身体道，在学问日进的过程中，道德理想的追求内化为其生命的体验，并在现实中发挥着"在朝美政，在下美俗"的作用。

清代以来，伴随着政治和社会的变革以及学者们对于宋学空谈义理之风所产生的无用、迂阔的反思，学问致思路径和方向发生了巨大的转变，注重实证、追求事功，学术研究的独立性开始增强，其结果一方面孕育了被称为"现代学统之胚胎"的科学精神，另一方面则弱化了传统学说对于心性义理和道德的追求。清代汉学虽然打出"重建汉学学统"的旗号，但被后世学者称为"伪汉学"，因为他们以经、史为主，旁及小学、音韵、舆地、天算、典制、校勘、辑佚、金石、辨伪的研究，对考据的重视远远超过了关于义理的阐释，有考据而无义理、有考据而无经世是学术界对其基本的评定，梁启超说汉学"立于人间社会以外，而与二千年前地下之僵石为伍，虽著述累百卷，而决无一伤时之语，虽辩论千万言，而皆非出本心之谈"[1]，这弱化了儒者"明道""传道"的责任，对其关于道德的理解

---

[1] 梁启超. 新民说［M］//汤志钧，汤仁泽. 梁启超全集：第二集. 北京：中国人民大学出版社，2018：639.

和体认都产生了极大的负面影响,因为相对于宋学使人"伪善"的弊端来说,清代汉学则连"伪"都可以抛弃,"盛名鼎鼎之先辈,明目张胆以为乡党自好者所不为之事,而其受社会之崇拜、享学界之尸祝自若也,则更何必自苦以强为禹行舜趋之容也。"❶

近代国人私德堕落反映出两个方面的问题:第一,在"制""霸""挫""迫"的摧残下,整个社会的民风民俗恶化;第二,伴随着近代社会的转型与发展,公共生活领域不断扩展,私人之间的交往呈现出复杂的样式,超出了传统的交往伦理所能提供的秩序与规范,出现伦理道德的失范。但梁启超基于对道德作为主体内在品质的理解,关注的焦点在于第一个方面。观察问题的这一着重点使得他对国民私德改进的途径和方式的思考也是独特的。

第二节 如何改进国人私德

虽然梁启超对私德问题的观察是面向全体国人的,但在解决问题的思路上却转向了被认为是"少数者"的志识阶层,认为他们的自文与自放既是近代社会私德堕落的表现也是重要原因,所以,改变他们关于道德的态度、提升道德修养是改进国人私德的重要方式。梁启超的这一观点体现着儒家精英主义道德观的影响,本节主要对他的这一思想进行梳理分析。

---

❶ 梁启超. 新民说[M]//汤志钧,汤仁泽. 梁启超全集:第二集. 北京:中国人民大学出版社,2018:639-640.

一、中国道德之大原

梁启超认为道德是"内发于心,而非可以假之于外"的,在对国人私德问题思考的过程中,他强调探寻中国人道德所发之本源。通过对国人行为和心理的观察,他发现有三种观念是"数千年之遗传熏染所构成,定为一切道德所从出,而社会赖之以维持不敝者"❶,将此三者认为是"中国道德之大原"。

第一,报恩。个人存在的有限性使其"终不能无所待于外而自立",生育成长、饮食起居、智识才艺、安居乐业都要依赖于他人,所以,直接或间接有恩于自己的人是"无量无极"的。中国人强调"反本报始不忘其初","有功德于民者则祀之",在世代的传承过程中,以发自内心的报恩为目的的祭祀被立为教义,此教义衍化成礼俗,制定成法律,"于以构造社会而维持之、发达之"。梁启超说:"人若能以受恩必报之信条,常印篆于心目中,则一切道德上之义务,皆若有以鞭辟乎其后,而行之亦亲切有味"❷;中国人一切道德无不以报恩为动机,数千年来以此为教,已深深刻在人们的头脑中,化为日用常行,所以,孝亲、悌长等被西方人"共推为微德","在我则庸行而已"。报恩是联系现在与过去、个人与他人、国家和社会之间关系的最有力观念,但在近代中国,这种观念"渐已动摇而减

---

❶ 梁启超. 中国道德之大原 [M] //汤志钧,汤仁泽. 梁启超全集:第八集. 北京:中国人民大学出版社,2018:457.
❷ 梁启超. 中国道德之大原 [M] //汤志钧,汤仁泽. 梁启超全集:第八集. 北京:中国人民大学出版社,2018:458.

其效力"。❶

第二，明分。中国人注重明分，从《春秋》到《荀子》及《中庸》都有记载，明分是社会秩序维系的基础、治乱之名确立的依据，"有秩序、有伦脊，斯谓之治；无焉斯谓之乱。"❷ 梁启超说，"人人各审其分之所在，而各自尽其分内之职，斯社会之发荣滋长无有已时。苟人人不安于其本分，而日相率以希冀于非分，势必至尽荒其天职，而以互相侵轶为事，则社会之纽绝矣。"❸ 明分之心易于使人各司其职、各安其位，遵守相应的伦理道德规范，为社会和群体的发展承担相应的责任。虽然安分观念太强会影响人们的进取向上之心，但积极进取之心与侥幸之心是不同的，前者守护安身立命之处，而后者则会扰乱社会秩序，在他看来，近代社会泯棼之现象，大部分是由于士大夫阶层失去了明分之心，习于侥幸而导致的。

第三，虑后。虑后即对将来所怀有的义务观念和责任意识，它已经成为国人习而不察的内在品质，因为人生在世，接受着过去和当下的各种积累与恩惠，同样应"求所以增益之，以诒诸方来"❶。这种虑后的观念将人们置于现在社会与将来社会的联系之中，基于对因果之义的认识，日积月累，使得人们"迁善去恶而不自知"，这也是中国社会持续存在发展的一大原因，但在近代中国，受到西方快乐主义和个人主义的影响，出现了"以家为累，以虑后为迂"的现象："多数劳庸之民，一来复之所入，必以

---

❶ 梁启超. 中国道德之大原 [M] //汤志钧，汤仁泽. 梁启超全集：第八集. 北京：中国人民大学出版社，2018：457.
❷ 梁启超. 中国道德之大原 [M] //汤志钧，汤仁泽. 梁启超全集：第八集. 北京：中国人民大学出版社，2018：458-459.
❸ 梁启超. 中国道德之大原 [M] //汤志钧，汤仁泽. 梁启超全集：第八集. 北京：中国人民大学出版社，2018：459.
❶ 梁启超. 中国道德之大原 [M] //汤志钧，汤仁泽. 梁启超全集：第八集. 北京：中国人民大学出版社，2018：461.

休沐日尽散之然后快。牧民者日以勤俭贮蓄相劝勉，莫之或听也。私儿日多，受不良之教育者遍地皆是，法令如毛，莫之能闲也。"❶

梁启超认为如果没有"一种善美之精神深入全国人之心中"，中国社会不可能存在发展数千年，这种精神是"国家过去继续成立之基"，也是"将来滋长发荣之具"；这种精神就是作为中国道德之本原的报恩、明分和虑后，"有报恩之义，故能使现在社会与过去社会相联属；有虑后之义，故能使现在社会与将来社会相联属；有明分之义，故能使现在社会至赜而不可乱至动而不可恶也。"❷ 在传统社会，这"三义"是"不学而知""不虑而能"的，但近代以来，随着社会的转型和发展，受西方新学、新政的影响，在破坏和怀疑的风潮中，这一根柢呈现出模糊的状态，所以，他强调民德的更新要发扬淬厉此"三义"。

二、作为主体的志识阶层

任何一个社会都有公认的"道德信条"，这里的"道德信条"可以理解为基于人们交往生活的共识而形成的道德规范与伦理，它会随着社会发展和变化发生新旧之间的"代兴"，但当"旧信条先已破弃"，而"新信条涵养未熟、广被未周"❸ 之时，必然出现伦理失范现象。"新信条"该如何完备？围绕这一问题，梁启超否认了从其他社会或国家移植道德信条的

---

❶ 梁启超. 中国道德之大原 [M]//汤志钧，汤仁泽. 梁启超全集：第八集. 北京：中国人民大学出版社，2018：461.
❷ 梁启超. 中国道德之大原 [M]//汤志钧，汤仁泽. 梁启超全集：第八集. 北京：中国人民大学出版社，2018：461.
❸ 梁启超. 中国道德之大原 [M]//汤志钧，汤仁泽. 梁启超全集：第八集. 北京：中国人民大学出版社，2018：456.

做法，强调"内发于心，而非可以假之于外，为千万人所共同构现，而绝非一二人所咄嗟造成"❶，即它是基于人们共识而产生，离不开主体内在的道德自觉，但这种自觉包含着对社会生活的认识与理解，并不局限于个体的独善其身。梁启超认为这种内发于心而又关涉社会生活的道德信条的产生离不开那些"从事修养以养成伟大人格者"的志识阶层，因为他们体悟着道德的意义与价值，关注或直接参与着社会的管理，对整个社会的道德风气发挥着重要的影响力。所以，在改进国人私德的问题上，他依赖于作为"少数国民中之最少数者"的志识阶层。

梁启超改进国民道德的思路中贯穿着全民主义和精英主义道德观两条矛盾的线索。

其一，"民"是近代中国社会和政治发展的重要成果，其独立于传统的君权之外，成为与国家相对应的政治范畴，国"积民而成"，"民"依附于国，在这种"国家—国民"的结构中，民的素质决定着国家的性质和命运，为了应对日趋激烈的民族竞争需要集合全体国民的力量，这在道德领域体现为对"民德"的强调。梁启超对此有着明确的观点：在开民智、鼓民气、新民德的呼吁中，"民"无疑是涵盖全体国民的，早在1896年的《变法通议》中就写道："凡国之民，都为五等：曰士，曰农，曰工，曰商，曰兵"，他们的"智""气""德"都需要新❷；《论近世国民竞争之大势及中国前途》中又指出："今日欧美诸国之竞争，非如秦始皇、亚历山

---

❶ 梁启超. 中国道德之大原［M］//汤志钧, 汤仁泽. 梁启超全集：第八集. 北京：中国人民大学出版社, 2018：457.
❷ 梁启超认为即使"士"也需要开智，因为"刿于士而不士, 聚千百贴括、卷折、考据、词章之辈, 于历代掌故, 瞠然未有所见, 于万国形势, 憪然未有所闻者, 而欲与之共天下, 任庶官, 行新政, 御外侮, 其可得乎？"见：梁启超. 变法通议［M］//汤志钧, 汤仁泽. 梁启超全集：第一集. 北京：中国人民大学出版社, 2018：35 – 36.

大、成吉思汗、拿破仑之徒之逞其野心，黩兵以为快也，非如封建割据之世列国民贼缘一时之私忿，谋一时之私利而兴兵构怨也，其原动力乃起于国民之争自存。……故其争也，非属于国家之事，而属于人群之事，非属于君相之事，而属于民间之事。"❶《新民说》中更是明确提出："国也者，积民而成，国之有民，犹身之有四肢、五脏、筋脉、血轮也。"❷ 国与民关系如此，所以，其国民性改造和新民德思想无疑体现着"全民主义"的思考方式。

其二，"民德"固然重要，但如何实现之则是更为重要的问题。在梁启超的思想中，虽然关于"公德""私德"其前后期所强调的方式不同，但他并未否定任何一者的价值和意义，认为二者所关心的问题是共同的，即如何使传统之民迅速地适应国民角色，承担起国民对国家的责任，具备近代价值观念和道德修养。对于这一问题的解答形成了他的国民品格改进的一系列观点，其中关于私德的方面，体现着儒家精英主义道德观的深刻影响。精英主义道德观包含着一系列的观点，❸贯穿其中的是：不同人群的道德不能等量齐观，精英分子的道德与普通民众的道德在社会价值上存在明显差异，所以，"士人道德"的改进对于"民德"的提升发挥着先导和中坚作用，他们应率先改进自身道德进而带动民德的提升。梁启超认为，志识阶层虽然只是"少数国民中最之少数者"❹，但"自古移风易俗之

---

❶ 梁启超. 论近世国民竞争之大势及中国前途 [M] //汤志钧，汤仁泽. 梁启超全集：第二集. 北京：中国人民大学出版社，2018：208.

❷ 梁启超. 新民说 [M] //汤志钧，汤仁泽. 梁启超全集：第二集. 北京：中国人民大学出版社，2018：528.

❸ 贾新奇，王园. 从公民道德的角度认识儒家道德 [J]. 宁夏社会科学，2005 (6)：125-129.

❹ 梁启超. 新民说 [M] //汤志钧，汤仁泽. 梁启超全集：第二集. 北京：中国人民大学出版社，2018：642.

事，其目的虽在多数人，其主动恒在少数人"❶，若承担着社会良知的"少数人"失去了对道德的敬重，不能坚守内心的道德信念和涵养，整个社会的道德提升将无从谈起，所以，他强调，虽然私德是"人人不可须臾离者"，但"吾之论著，以语诸大多数不读书不识字之人，莫予喻也。即以语诸少数读旧书识旧字之人，亦莫予闻也。于是吾忠告之所得及，不得不限于少数国民中之最少数者"❷。

在近代社会变革和救亡运动中仁人志士们担当着先觉者和领导者的角色，梁启超认为"其势力所磅礴，足以左右彼大多数者而有余"❸，同样，他们的道德涵养和品质也足以对国人产生重要和深远的影响，在改善和提升国人私德修养的过程中，他们发挥着先导和教化的作用，❹ 所以，在国人私德的问题上，他们居于核心和主体的地位。围绕志识阶层的私德改进，梁启超强调两个方面：提升"任事者"的道德修养和增强"束身寡过之善士"的社会责任感。而在如何做的问题上，他回到了儒家道德修养的思路上。

三、传统的道德修养思维

道德之本原在于人心，但在近代中国，受到客观的外在条件的影响，

---

❶ 梁启超. 新民说 [M] //汤志钧, 汤仁泽. 梁启超全集：第二集. 北京：中国人民大学出版社, 2018：539.
❷ 梁启超. 新民说 [M] //汤志钧, 汤仁泽. 梁启超全集：第二集. 北京：中国人民大学出版社, 2018：642.
❸ 梁启超. 新民说 [M] //汤志钧, 汤仁泽. 梁启超全集：第二集. 北京：中国人民大学出版社, 2018：642.
❹ 在儒家精英主义道德观看来，以"士"或"君子"为代表的精英阶层具有高水准的道德，民众无法企及，并且精英阶层的道德是能动的，民众道德是被动的，前者决定后者，所以，为了推动社会道德，精英阶层应该在改善社会道德的进程中发挥中坚和先导作用，即他们有着首先整顿自身道德进而带动民众道德的义务。见：贾新奇，王园. 从公民道德的角度认识儒家道德 [J]. 宁夏社会科学, 2005 (6)：125-129.

人们内在的道德修养呈现出放松或狭隘的状态，这使得在社会生活中，新的道德信条无以能立，社会泯棼之象立见。当梁启超将国人私德问题归因到志识阶层的"治心治身"层面上时，他必然转向对传统道德修养思想资源的汲取。

1905年，梁启超发表了《德育鉴》，梳理了中国传统的主要是儒家从孟子到阳明一派的道德修养观点及主张，为有志之士提供了"进学之途径次第"和"致力受用之法门"。在内容上，按先后次序包括辨术、立志、知本、存养、省克、应用六个部分。他强调辨术第一，即在德育的过程中，辨明自己内心的诚伪是最首要的，如果内心不诚，读书就是"借寇兵资盗粮"，这是针对近代社会志识分子的"伪"来说的；立志第二，因为学进与否"视其志之所以帅之者如何"，志立确立根本，否则在世衰道微、人欲横流的环境中，是立不住脚的，只有做到这一点，才能自拔于流俗，进学无间断；知本即对内在道德自觉和道德本心的发现，即"致良知"；本原出于良心之自由的道德离不开存养、省察和克治，他认为这是"修正之功"，否则又会陷于自欺；对于认为道德"善而无用"的观点，梁启超指明了儒家所主张的"应用"，"道学之应用，全在有志之士，以身为教，因以养成一世之风上，造出所谓时代的精神。"[1]

在志识阶层私德之改进的问题上，梁启超着重强调了以下三个方面。

第一，正本。

所谓"正本"即"诚意正心"，在《大学》八纲目居于"修身"之前列，它强调了个体修身所应具备的内在心理状态，被形象地表述为"打理

---

[1] 梁启超. 德育鉴[M]//汤志钧，汤仁泽. 梁启超全集：第五集. 北京：中国人民大学出版社，2018：292.

田地洁净"。梁启超认为在近代学绝道丧、功利盛行的社会中，权谋之心使人忘"本"，丢弃了"修身"所应包含的前提和本质，所以，他强调有志于国家和社会的豪杰之士应"于清夜平旦返观内照"[1]，以审视在名号之下的道德本心。

对个体来说，"正本"意味着正心。"本"不正，则道不立，当仁人志士们将人格涵养、社会责任、理想追求都当作满足其私欲的假借之名号时，社会之腐败则无从挽救。梁启超说同一件事，有所为而为之和无所为而为之，虽然外形相同，但结果和性质大不同，体现着"立心"之诚与伪的对立。他用"诚"和"伪"来解传统的"义"与"利"，"先哲所谓义者，诚之代名词耳；所谓利者，伪之代名词也"[2]，认为传统的重义轻利体现着对道德真诚性的要求，所以，"君子求诸己"。但近代以来，"人自有生以来，耳濡目染，动与一切外物作缘，以是营营逐逐，将全副精神，都用在外。"[3]

王阳明说为学当从心髓入微处用力，若无此志，则"读书为借寇兵资盗粮"，学问越大，病根愈深，所以，梁启超强调"正本"是"学道第一著"，志识阶层私德得以改进的首要课程，"苟无此志，苟无此勇，则是自暴自弃，其他更无可复言矣。"[4]

第二，慎独。

---

[1] 梁启超. 新民说 [M] //汤志钧，汤仁泽. 梁启超全集：第二集. 北京：中国人民大学出版社，2018：649.
[2] 梁启超. 德育鉴 [M] //汤志钧，汤仁泽. 梁启超全集：第五集. 北京：中国人民大学出版社，2018：212.
[3] 梁启超. 德育鉴 [M] //汤志钧，汤仁泽. 梁启超全集：第五集. 北京：中国人民大学出版社，2018：219.
[4] 梁启超. 新民说 [M] //汤志钧，汤仁泽. 梁启超全集：第二集. 北京：中国人民大学出版社，2018：649.

在《大学》和《中庸》里,"慎独"是一种严肃真诚面对自己内心的美德,[1] 朱熹强调"独"的意义[2],被后人理解为人们在个人独自居处的时候,也能自觉地严于律己,谨慎地对待自己的所思所行,防止有违道德的欲念和行为发生,从而使道义时时刻刻伴随主体之身。在传统意义的基础上,梁启超将其理解为一种修养工夫:一方面,它是节制和涵养个体在"数千年来社会之熏染"及"未志道以前所自造之结习"[3]的简易之法;另一方面,用"致良知"来解释之,认为其是存养本心、保持和提升人的内在涵养的重要方式,在他的思想中,"慎独"包括存养、省克两个方面。

存养是从积极的角度来说的,以性本善为前提,强调守护自我道德本性,坚持内心道德信念,所以,他说"以良知为本体,以慎独为致之之功"[4]。虽然在这一问题上,他表现出对王学的极大热情,但其"慎独"之工夫更直接针对的是社会中消极现象,他说:

> 在今日,满街皆是志士,而酒色财气之外,更加以阴险反覆、奸黠凉薄,而视为英雄所当然。……今日所以猖狂者,窃通行之爱国、

---

[1] "所谓诚其意者,毋自欺也。如恶恶臭,如好好色,此之谓自谦。故君子必慎其独也。""小人闲居为不善,无所不至。见君子而后厌然,掩其不善,而著其善。人之视己,如见其肝肺然,则何益矣。此谓诚于中,形于外。故君子必慎其独也。"上述两句出现在《大学》中。《中庸》中也有关于"慎独"的表述:"道也者不可须臾离也,可离非道也。是故君子戒慎乎其所不睹,恐惧乎其所不闻。莫见乎隐,莫显乎微,故君子慎其独也。"

[2] "独者,人所不知而己所独知之地也。言欲自修者知为善以去其恶,则当实用其力,而禁止其自欺。使其恶恶则如恶恶臭,好善则如好好色,皆务决去,而求必得之,以自快足于己,不可徒苟且以殉外而为人也。然其实与不实,盖有他人所不及知而己独知之者,故必谨之于此以审其几焉。"(朱熹《四书集注·中庸章句》)

[3] 梁启超. 新民说 [M] //汤志钧,汤仁泽. 梁启超全集:第二集. 北京:中国人民大学出版社,2018:649.

[4] 梁启超. 新民说 [M] //汤志钧,汤仁泽. 梁启超全集:第二集. 北京:中国人民大学出版社,2018:650.

忘身、自由、平等诸口头禅以为护符也。故有耻为君子者，无耻为小人者。……吾人欲求为人以立于天地间也，则亦谁能助我？谁能规我？舍息息慎独之外，更何恃哉！（《新民说·论私德》）

在这种意义上，慎独是一个防止和约束"自我非道德性"萌生和出现的过程，要求自我的省察和克治，也就是在这一层面，他说宗教是西方德育之源泉，因为在祈祷的过程中，反观内心，随时检点和改善自我，"正直纯洁之思想"就会不期而来，人人道德渐进则推动社会道德渐进。引用王阳明的"去山中贼易，去心中贼难"，梁启超告诫社会中的仁人志士们，要存养和省克自我，否则，若人人"皆有神奸伏于胸中而不能自克，则一国之神奸，永伏于国中而末由相克"❶。

第三，谨小。

"大德不逾闲，小德可出入"指在不违背大的道德原则的前提下，可以放任一些对细节的苛求，但人们在理解孔子这句话时，往往将重点放在后者，引申为"不拘小节"，而忽略作为前提的"大德"。在近代国人道德普遍堕落的条件下，梁启超强调此固然是先圣遗训，但并不适用于近代国人，因为"我辈之根器本薄弱，而自治力常不足以自卫也，故常随所熏习以为迁流。小德出入既多，而大德之逾闲遂将继之矣，所谓涓涓不塞将成江河，绵绵不绝将寻斧柯也"❷。另外，他也说到若单独一区区小节，当然不足以为病，但"小过"都有其发生的前因后果，若"细行屡屡失检，必

---

❶ 梁启超. 新民说［M］//汤志钧，汤仁泽. 梁启超全集：第二集. 北京：中国人民大学出版社，2018：651.

❷ 梁启超. 新民说［M］//汤志钧，汤仁泽. 梁启超全集：第二集. 北京：中国人民大学出版社，2018：651.

其习气之甚深者也,必其自治之脆薄而无力者也",所以,对"不矜细行自安者"的否定,重点不在于"小过"本身,而在于"其所从发之根原"。❶

从工夫上来说,克治大过固然不容易,但克治小过尤为困难,因为面对非善即恶的极端,人往往能全力赴之,"或恐莫能胜";但对于小过,往往表现出不重视的态度,"玩视焉而不以全力赴,谓此区区者不足为吾累也。"❷ 对此,梁启超强调,法律上,恶有大小之分;但在道德的意义上,恶无大小可言也。他以狮子捕食为例说,其搏虎用全力,搏兔亦用全力,所以,"学者自治之功",亦不能放弃细致入微处。

被称为"人生哲学"的儒家学说包含着丰富的修身思想,梁启超仅举此"三义"认为志识分子若能以此三者自我策励,对于造就超拔俗流、不为功利所束缚、真诚的爱国志士,并由他们来带动和提升近代社会之道德则是可能的。

通过对近代社会民风民德的关注,梁启超将国人道德问题的分析从"国家—国民"的结构转向社会生活层面上,但在急迫的社会救亡条件下,他的观察虽然有这样一个转向,但并未深入问题之中,而是停留在道德修养的层面上,所以,面对国人的各种贪鄙卑俗之表现,他呼吁有志之士提高道德修养的自觉性,并积极承担起"在朝美政""在下美俗"的社会责任。

---

❶ 梁启超. 新民说 [M] //汤志钧,汤仁泽. 梁启超全集:第二集. 北京:中国人民大学出版社,2018:651-652.

❷ 梁启超. 新民说 [M] //汤志钧,汤仁泽. 梁启超全集:第二集. 北京:中国人民大学出版社,2018:652.

第三节 梁启超私德问题分析

梁启超对近代私德问题的观察和分析以及提出的改进途径与方法都具有重要的意义，但他的思想中包含着关于私德概念的混淆性理解和狭隘性界定，这使得他并不能真正找到国人私德问题的症结所在，在改进的途径与方式上也只能回归到传统的道德修养思维上，从这个意义上说，他虽然关注国人私德，但并未真正厘清这一问题。梁启超关于近代国人私德问题的思考固然存在着问题，虽然如此他所强调的志识阶层的德行修养对中国知识分子来说却具有重要的实践意义，本节主要对他的这一主张及思想中存在的问题做一简单分析。

一、儒者的精神

在对私德的关注过程中，梁启超强调的一个重要问题是近代志识阶层的自闭与放纵。他认为"在儒家思想体系里，人本质上都承担有入世的道德和政治义务"[1]，"修身""齐家""治国""平天下"明确了"修己"与"安人"，即个体的道德修养与应承担的社会责任以及二者之间不可割裂的联系，儒家虽然强调"德"之内在性和主观性，但并非"束身寡过"，而是包含着推己及人的要求。在近代社会，作为救亡和革新的中坚力量的士

---

[1] 张灏. 梁启超与中国思想的过渡：1890—1907 [M]. 崔志海，葛夫平，译. 南京：江苏人民出版社，2005：166.

绅阶层却表现出"自文"与"自放",他们放松道德修养,放弃社会责任,丧失了传统儒者济世安民的精神。

儒者的精神在北宋大儒张载所说的四句话中有着充分的体现:"为天地立心,为生民立命,为往圣继绝学,为万世开太平。"将那些深刻体悟儒家义理,具有较高道德修养之人应承担的社会和文化责任明确了出来,道出了那个时代儒者的使命,也道出了世代儒者的终极使命。"为天地立心"或许显得过于宏大,但"天地无心而化成",天地生化万物只是生生之德的自然流行,并非有意生出这样一个大千世界,"天地无心,以生物为心",作为万物之灵,人在体会自然生生之德的过程中,"无心"的客观世界被赋予了理性和情感,天地之心开始显现。在儒家看来,天地之心包含着一种自强不息的精神,它要求有抱负、负责任的仁人志士,能顺应宇宙万事万物向上进化的要求,去自觉推动社会历史合乎规律地向前发展。"为生民立命"强调儒者为万千百姓彰显"安身立命"之道,孟子说"人之异于禽兽者几希,庶民去之,君子存之",儒者体悟着"君子之道",属于社会的精英阶层,自孔子以来,儒家圣贤通过教化所追求的目标之一就是通过潜移默化使民众生活有一定依循,进而得以护持生命,保持生命的尊严和意义,这体现着传统知识分子的救世理想。"为往圣继绝学"反映的是儒家知识分子在中华民族的文化命脉延续的过程中所付出的努力;春秋末年,面对"礼崩乐坏""学绝道丧",孔子整理周代的典籍,阐发西周的价值理念,在追求"老者安之,朋友信之,少者怀之"的社会理想过程中,兴灭继绝,追求古者先王之道,延续尧舜禹汤文武周公一脉相承的文化传统。在后世的发展中,"祖述尧舜,宪章文武,宗师仲尼",其间虽经历外来文化的冲击,但儒者表现出了强烈的文化担当精神,积极地进行文化的反省和创造,在"损益"的过程中,不断地接续、继承、复兴、发扬先秦儒家的学脉、核心价值理念和精神,延续着中国文化的主流传统,体现着其作为中华文化生命的守望者的角色。坚定的王道信仰和强烈的入世情怀,这是中国传统儒者的两大基本特征,[1]包含着"为万世开太平"的社会责任感和使命感。贤者在位、王道政治在他们的心中不是空泛的理想,历史上的尧舜禹文武周公的时代证明着它的可实现性,古圣先贤也在对它进行论证、追求和实践,这种关于社会和政治的理想内化在他们心中,并成为坚定的信仰,当与现实的政治发生冲突时,他们固守着自己的价值理念,对于现实的社会和政治,他们怀有强烈的忧患意识、拯救意识和圣贤意识,以天下为己任,以王者之师自居,试图通过教化君主和万民来实现万世太平的理想。孔子"明知不可而为之",感慨"任重道远";范仲淹说"先天下之忧而忧,后天下之乐而乐";顾炎武大呼"天下兴亡,匹夫有责",这些都体现着以内圣成德为起点的儒者所具有的现实情怀和社会责任感。

虽然儒者可以被认为是中国传统的知识分子,但由于其独特的人生信仰和价值观念,以及当时特定的社会政治制度,因此以儒家为代表的中国传统知识分子具有特殊的社会特征,他们怀有经世济民、淑世化人的使命感,对政治和道德的发展具有重要的导向作用;在安身立命之处,强调"自省吾身",通过向内求来提升个人境界,提供人生意义和价值的思考。经世致用是儒家重要的传统,但在近代社会,曲士贱儒在强调个体的"清""慎""勤"的过程中,局限于一己之身和狭隘的私人交往,不关注社会公共生活的展开。这固然反映着他们公德的缺失,但梁启超也认为这从根本上来说是私德堕落的表现,因为儒家道德强调德离不开践行,离不

---

[1] 严正. 论中国传统儒者的生存特征[J]. 北方论丛, 2007(1): 74-78.

开对社会生活的关注，纠正近代知识分子在私德方面的这一偏颇，使其既重视个体内在之德和私人交往伦理，又重视德在公共生活中的意义及其公共交往伦理是非常重要的。

二、不健全的私人交往伦理

在对私德的界定中，梁启超既强调个体"善己"之德又纳入了私人交往之伦理，即"一私人之独善其身，固属于私德之范围；一私人与他私人交涉之道义，仍属于私德之范围"[1]。但在对私德堕落问题的思考过程中，他将私德局限在了主体之德的层面上，认为不论是个体的贪鄙卑劣、谄阿暴弃之性还是社会之伦理纲常之混乱，从根源上说都是主体放弃自身修养和内心恪守的原则的表现。依据对私德的这种理解，在改进的途径上自然转向了对中国传统道德资源的借鉴，梁启超的这一思路体现着对儒家道德思想的现代性阐释，以"修己安人"为核心的儒家学说在近代国人私德修养的提升和改进过程中无疑具有重要的作用，但在这其中，囿于狭隘的私德范畴，他忽略了对道德生成的伦理基础的思考。

梁启超关注的近代国人私德的堕落虽然落脚于志识阶层的道德改进，但他提出的问题指出了在大众层面上国人私德的贫弱，这主要表现为民风民俗的恶化，即民众所具备的传统优良善美之品德被虚伪狡诈之恶德取代，整个社会对于道德的认同逐渐降低，伦理秩序呈现出混乱的状态。大众层面上私德的改进固然离不开精英阶层的引导和社会的教化，但这种方

---

[1] 梁启超. 新民说[M]//汤志钧，汤仁泽. 梁启超全集：第二集. 北京：中国人民大学出版社，2018：539.

式并不能解决问题的根本。从根本上来说，近代国人私德的贫弱反映着在近代社会转型和发展过程中，与新的私人生活和交往相适应的伦理基础的不健全。

中国传统社会生活和交往是以私人关系为主导的，在这种条件下，私人交往伦理是相对完备的，但在以血缘宗法关系为基础的传统社会中，人们的社会生活和交往关系是非常狭隘的，交往关系的拓展是以血缘家庭关系为基础的，交往的双方一般来说都有着特殊的私人关系，相应地，传统的私人交往伦理指的是有着特定身份和地位的私人之间交往时应遵循的规范和准则，最具代表性的就是"父慈子孝""君仁臣忠""夫义妇顺""兄友弟恭""朋友有信"。传统的私人交往关系是狭隘的，与此相适应的交往伦理也是狭隘的，所以，人们在践行这种伦理生活的过程中所形成的"德"体现着对于这种狭隘的私人交往生活及其伦理的体悟和心得，反过来，这种"德"对主体所具有的有效性要求也在狭隘的私人生活领域中发挥作用。

近代以来，伴随着社会的转型和发展，社会公共生活领域不断拓展，人们的交往关系突破了传统的宗法血缘基础，但在外力推动下急剧转型的中国社会，在社会生活和交往层面并未形成与此相适应的交往规范与准则，例如，其一，在近代中国，伴随着商品经济的出现和缓慢发展以及以救国为目标的社会和政治活动的开展，新的私人交往形式开始出现，交往的双方不再是特定的私人关系，他们的交往也不是反复的、经常的或者长久的，在一定程度上类似于那些偶尔进入某一村落的外人与村里人之间的关系。在这种交往关系中，人们无法从传统的私人交往的伦理中找到可以被普遍遵守的准则与要求，就像在传统社会中，"对于陌生的人们，一个村落里的人常常没有确定的伦理的规范"一样。❶ 其二，传统的私人交往关系的双方在家庭中都有着特别身份，这种身份主要是由血缘关系所产生的，但伴随着近代国家与政治的发展，人们除了他们各自在家庭中的身份之外，还被赋予了国民或公民的身份，这使得私人交往关系变得复杂了起来，"家庭的成员之间同时存在着两种基本的关系：血缘关系与作为公民的关系"❷。虽然"由血缘关系确定的相互关系是基本的关系"，但当他们以国民或公民的身份进行交往时，传统的私人伦理并不能提供有效的规约。

梁启超的"私德"虽然包含着"一私人与他私人交涉之道义"，但他理解的"私人交涉"特指的是传统的"五伦"，在他的思想中并未形成普遍意义上私人交涉的概念。因此当他依据传统的私人交涉之道义审视近代国人的行为和表现时，看到的是民众的狡伪、自私、怯懦、凉薄之性以及其他对传统伦理道德的背离，在这一过程中，他并未关注到近代意义上的私人交往伦理的缺失，而是将这些归结为国人私德修养的降低或丧失。

如前文所述，道德与伦理有着密切的关系，它是主体在践行伦理生活的过程中所形成的内在感悟和心得，基于伦理生活的不同，人们所形成的"体悟"和"获得"也必然存在着不同，这反过来使得主体在具体的生活和交往实践中对相应的规范和准则要求也表现出不同的态度，体现出个体的修养品质。在这种意义上，为了改进国人私德贫弱的状况，从根本上说应健全道德生成的私人生活和交往伦理，而这从更为根本的意义上来说要依赖于商品经济发展所带来的社会公共生活和交往领域的极大拓展，这对

---

❶ 廖申白. 交往生活的公共性转变：两个世纪的主题 [J]. 北京师范大学学报：社会科学版，2006 (5)：86-91.
❷ 廖申白. 公民伦理与儒家伦理 [J]. 哲学研究，2001 (11)：67-74.

于在外力推动下开始近代转型和发展的中国社会来说,其实现是非常缓慢的。

在梁启超的思想中,以修身养性为目的的"善己"之德无疑是一个狭隘的私德范畴,依据这一层面的内涵,个体内在和自觉的道德修养无疑是私德改进和提升的重要途径,但在社会范围内,面对全体国人私德的贫弱,自我修养的提升是无从谈起的,或许基于这样的思考,他将国人私德改进的依靠力量转向了作为社会"少数国民中之最少数者"的志识阶层,但这一转向并未引出其关于国人私德贫弱的清晰性观点;如果将普遍意义上的私人交往伦理概念引入梁启超这一思想中,近代国人私德贫弱的问题则会显得相对清晰。普遍意义上的私人交往强调交往的双方不再具有特定的身份和地位,他们是以独立的个体身份存在的,一方相对于另一方来说是一般的"他者",在这种交往关系中双方应遵守的相互性要求和准则与传统的私人交往伦理是不同的,在近代中国,这种普遍意义上的交往伦理并未形成,以此为基础的"德"在缺乏充分的伦理生活的条件下也不可能被孕育出来。从这个层面来理解近代国人私德的贫弱,其中的原因及努力的方向则显得相对清楚。

就这种普遍意义上的私人交往伦理来说,交往的主体、适用的范围或者是其中的准则和规范要求都与传统的"私人交涉之道义"有着明显的不同,它是独立、自主的个体在以血缘和家庭为基础的交往生活之外,与另一独立自主的他者交往时所应遵守的准则要求,这种交往方式和伦理生活是近代以来社会公共生活和交往的具体内容和基本要求,所以,在民众的层面上,梁启超所关注的私德问题在本质上反映着国人公德的缺失,这体现着他在公德和私德问题上的困惑。

第五章 总说梁启超的公德和私德

作为近代著名的启蒙思想家,梁启超对近代中国社会有着深刻的观察,对国人道德问题的思考是深刻细致的,他所提出的公德缺失和私德堕落的观点以及在改进国人道德状况方面所做出的努力产生了重要和深远的影响。但依据本书的分析,呈现出的更为主要的似乎是其道德学说的不足,这是否意味着对梁启超道德学说所具有的意义与价值的否认?这一问题的答案很明显是否定的。虽然本书指出了交往伦理概念的缺失在梁启超的公德和私德观点中所产生的问题,但所追求的并非是消极的结果,相反,在梳理其思想观点的过程中分析其中的问题,结合其所处的时代和思想背景能够更深刻地理解梁启超伦理思想及其所具有的意义。本章作为总结性的章节,试图在突出主题的基础上对梁启超道德学说做一个相对总体的评价与认识。

第一节 何谓梁启超问题

在对近代国人道德问题的分析过程中,由于思想中缺乏交往伦理的概念,梁启超并没有找到能够切实地补足国人公德的途径,也未能清楚地分析出近代私德堕落的原因和改进的方式。基于本书的分析，我们把这一交往伦理概念的缺失称为"梁启超问题"，在他关于公德和私德的观点中，若引入交往伦理的概念，能够看到在公德问题上，中国人所缺失的是公共生活的伦理基础，私德的堕落则与传统的私人交往伦理的不健全有着密切的关系，从这一角度来审视中国社会的道德问题，得到的思路和观点则会相对清晰。作为一个理论问题，它对梁启超道德学说的完善是非常重要的，但结合近代中国社会的转型和发展状况来说，它不仅是一个理论问题，而且是一个时代问题。本节主要从这两个层面对这一问题进行说明。

一、梁启超问题的出现

在近代中国社会条件下，梁启超的道德观具有明确的功利主义和集体主义色彩，他对新道德的渴望以及"道德革命"主张的提出，是以"利群"为目标的，所以，"公德"是其强调的首要内容，但对一个群体来说"私德也十分重要，因为一个群体的总体素质最终取决于该群体具体个人的素质"[1]，所以，在对"偏于私德"的旧道德的谴责过程中，他从未否认过私德，而是呼吁"纵观宇内之大势，静察吾族之所宜，而发明一种新道德，以求所以固吾群、善吾群、进吾群之道"[2]。但在其思想发展的过程中，基于对"德"之内在性和主体性的理解，他突出了二者有机统一的关系，强调"德一而已，无所谓公私"，并将私德置于更为根基性的地位上，

---

[1] 张灏. 梁启超与中国思想的过渡：1890—1907 [M]. 崔志海，葛夫平，译. 南京：江苏人民出版社，2005：88.
[2] 梁启超. 新民说 [M] // 汤志钧，汤仁泽. 梁启超全集：第二集. 北京：中国人民大学出版社，2018：542.

认为"公德者，私德之推也。知私德而不知公德，所缺者只在一推；蔑私德而谬托公德，则并所以推之具而不存也"[1]。在这种认识的条件上，私德在他的道德观念中占据了核心地位，他转向了对儒家修身之学的挖掘和阐发。"儒家的修身指的是为实现儒家内圣外王人格理想中所包含的那些道德标准而从事的特殊活动"[2]，梁启超对传统的人格修养方法表现出极大的热情。但在对他的这一思想转向认识的过程中，能够看到他忽略了儒家传统的"内圣外王"的人格理想，所借鉴的更多的是修身的方法论原理，将道德修养的目标与爱国和合群等"利群"之德联系了起来。所以，虽然公德和私德是梁启超伦理思想的两个重要范畴，也是他思考近代国人道德问题的两个重要方面，但基于对近代中国所面临的内忧外患形势的观察，受达尔文进化论以及功利主义的影响，"公德"无疑是他最希望国民所具备的最重要的品质，因为它能够促进群体的凝聚，只是在这其中，他认识到"公德"发挥作用离不开"私德"。

总的来说，梁启超的公德和私德观点中包含着以下内容：其一，公德的目的在于"相善其群"，是近代国民应具备的首要品质；其二，私德强调"独善其身"，但它不仅仅是个人问题，"其首要价值仍在于有助于群体的集体利益"；其三，不论公德还是私德，本质上都是具有主体性和内在性的"德"，二者是相通的，在这种意义上，私德是更为根本和基础的。

基于这种静态的理解，梁启超的观点是明确的、清晰的，其问题是在启蒙、补足国人公德，分析私德状况的过程中产生的。近代中国急需国民

---

[1] 梁启超. 新民说 [M] //汤志钧，汤仁泽. 梁启超全集：第二集. 北京：中国人民大学出版社，2018：634.

[2] 张灏. 梁启超与中国思想的过渡：1890—1907 [M]. 崔志海，葛夫平，译. 南京：江苏人民出版社，2005：164.

公德观念的提升，面对公德的缺失，"采补本无而新之"是必要且有效的，但要"补"的内容是什么？在这一问题上，梁启超看到了"白种人的美德"，即为西方社会带来强大和发展的新的道德和价值观念，他以各种形式和途径将西方近代政治和道德观念传入中国，这体现着他为了"发明新道德"所做的努力，虽然"梁氏输入法"在近代社会和文化启蒙中发挥了重要的作用，但这并未出现他所希望的结果，"所谓利国进群之事业，一二未睹，而末流所趋，反贻顽钝者以口实"[1]；在这种条件下，基于对"德"之本质的理解，梁启超转向了他从未放弃过的"私德"，但国人的私德状况也不容乐观，传统的优良善美的风俗被破坏、"士无名节""吏无廉耻"；在私德问题上，梁启超回到了传统的道德修养的思路中，这使得他并未真正地理解国人堕落的原因和本质，进而也不能找到改进私德的途径。不论是在公德方面还是在私德方面，梁启超表现出了同样的问题，即把"德"限定在了品质修养的意义上，公德指的是那些促进群体凝聚力的道德价值观，私德指的是那些有助于个人道德完善的道德价值观，他对近代社会道德的分析也局限在了这样一个狭义的层面上。

公德缺失、私德堕落，梁启超对近代中国社会中的道德问题的观察是准确的，他看到了问题，也努力去解决问题，提升国人的道德，但由于缺乏对道德生成所依赖的伦理基础的关注，在公德问题上，他陷入了通过培育私德来提升国民公德的困境，在私德问题上也同样没有找到改进的途径，这就是本书所要说明的梁启超问题。

---

[1] 梁启超. 新民说 [M] //汤志钧，汤仁泽. 梁启超全集：第二集. 北京：中国人民大学出版社，2018：633.

二、作为理论问题

作为一个理论问题，梁启超问题的关键在于他没有明确道德与伦理之间的关系，缺乏对道德生成所需要的伦理基础的关注。

如前文所述，虽然在使用的习惯上，伦理与道德经常被连用，但在区别的意义上，二者之间存在着重大的不同，伦理与现实生活有着直接的联系，而道德作为个体自我完善的自由追求，其与现实的社会生活的关系相对间接；就它们的联系来说，可以认为伦理是道德生成的基础，道德是在践行伦理生活过程中的主观提升和心得体悟。"伦理是典型意义上的人们之间的社会交往关系，既体现于实际关系方面，也体现于价值规范方面，即伦理既是对人们之间实际关系的评价要求，又是存在于相互关系中的规范准则。"[1] 作为与现实生活有着直接联系的规范准则和要求，伦理生活在性质和内容方面取决于具体的社会生活和交往方式，所以，基于社会生活和交往关系的不同，伦理要求呈现出不同的内容和特征。狭义的道德是个体性的，是人们在伦理生活的过程中，主观上体悟、完善其精神生活价值的修养和境界。在这种意义上，结合对中国传统社会和道德的认识，我们说当梁启超指出中国传统道德偏于私德而公德不足时，虽然在公德的内涵上，他强调是国民应具备的爱国心和公共观念，但实质上国人所真正缺失的是西方近代社会发展以来所逐渐出现的公共交往和生活基础。

依据梁启超关于私德的界定，它不仅包含着个体的德行修养，同时也纳入了传统私人交往之道义，这一界定使得私德既包含着狭义的修身之德

---

[1] 韩升. 伦理与道德之辩证 [J]. 伦理学研究, 2006 (1): 90-92.

又包含着伦理，前者无疑是最严格意义上的私德，而后者指的是私人生活领域中的道德规范与要求，相对于主体来说它是外在的，体现着对交往双方的相互性要求；基于伦理和道德关系，在私人交往伦理生活中，主体所逐渐发展出的内在自觉和感悟就属于交往的道德。道德，不论是"对己"，非交往性的修身之德还是在交往伦理基础上发展出的交往道德，客体虽异，而主体相同，在内在之德的层面上，不论是对己的还是对他人的，本质都是相通的，都体现着主体内在的、自觉的价值准则和要求。所以，在这个意义上，梁启超认为近代国人在国家和公共生活中所表现出的公德的缺失，从本质上来说，是私德的堕落。这里所说的私德堕落一方面指的是"独善其身""束身寡过"之流不能将其私德推之于外、推之于他人及社会的行为；另一方面则说明的是突破了传统狭隘的私人交往生活领域的民众面对新的社会生活和交往关系及对象所表现出的任性、自私、卑劣等恶德。其实，梁启超所说的私德问题，借助于伦理这一范畴，可以表述为伦理的失范，即传统社会狭隘的私人交往生活及交往伦理不足以为日益扩展的普遍意义上的私人交往关系提供相互性的交往规范和准则，在这种不健全的私人交往伦理生活中，人们所形成的私德也是不健全和不完备的，这使得主体在现实的社会生活和交往中表达不出传统所具备的道德。

对梁启超的思想来说，交往伦理的概念是陌生的，但如果引入这一范畴，其道德主张则拥有了实现的现实基础。交往伦理指的是基于人们在交往生活中所达成的共识而形成的具有相互约束性的有效性要求或规范准则，它与现实的生活世界有着密切的关系，源于交往生活实践的需求，表现为社会生活必需的习俗、规范或者制度；它是具体的、现实的，不同的交往生活条件下，其内容是不一样的，其作用在于协调人与人、人与社会之间的交往关系，为人们的生活实践提供规约和导向，也为主体内在之

"德"的实现提供具体的伦理基础。本书无意对这一范畴做理论的探讨，通过它想要说明的是梁启超所希望国人具备的公德和私德，在实践的层面上，与交往伦理的完备有着密切的关系，因为他的公德在本质上是基于公共交往生活所形成的群体观念和公共意识，而私德的一个重要方面则是在日益普遍化的非特定对象的私人交往关系中形成的习俗与美德。

三、作为时代问题

从理论上来说，梁启超问题产生的原因在于其思想中交往伦理概念的缺失，若结合近代中国社会发展状况来理解，这一问题却是不可避免的，因为在近代中国，虽然相比于传统的生产和生活方式来说，公共生活领域有了一定的拓展，但社会公共交往生活以及作为公共交往基础的普遍意义上的私人交往关系并没有得到充分的发育，公共交往的伦理问题并不突出，在这种条件下，梁启超对社会道德问题的思考很难超越现实发展的程度，他的观点和主张所反映出的问题有着具体的时代和社会原因。一百多年过去了，当前的中国社会，伴随着市场经济的发展，社会结构的转型，公共生活领域不断扩展，人们的生活和交往方式发生了巨大的变化，公德发展所依赖的社会基础已经基本具备，但公共交往伦理和公德意识仍有待提高。在谈论公德问题时，研究者们大多借鉴梁启超关于公德和私德的理解，从这种意义上来说，梁启超所谈论的公德和私德不仅是一个理论问题，也是一个时代问题。作为时代问题的公德和私德，在当代社会生活条件下，其内容和特征更为鲜明，以此为基础来看待梁启超的观点，其中所包含的问题更易于理解。

当代社会，伴随着经济的发展，公共生活领域和私人生活领域呈现出了明确的分离，以它们为基础的公德和私德也表现出了不同。首先，目的在于"利群"的公德，其价值取向与社会发展的目标是一致的，它体现为作为社会人的个人在公共生活和公共交往中应具备的观念和品质；从这个意义来说，当前中国社会的公德体现着市场经济发展所产生的新的社会价值理念，例如自由、平等、公正、民主等主体性要求，与传统的自律性道德相比，包含这些新的价值理念的公德具有明确的"相互范导"性或者"他律"性。❶ 私德的本质意义在于"独善其身"，具有本己性和差异性，不会随着交往关系和交往对象的不同而发生变化；私德发挥作用的方式在于自律，具有典型的自我约束和自我范导的特征。其次，就主体方面来说，在当代社会，伴随着社会交往方式的多样化和交往领域的多重化，作为主体的个人，其身份和角色不再是单一的，大都是多重的，其中，在公共交往和生活领域中，个体是以社会人的身份出现的，他所面对的规范和要求以及内心所形成的体验和道德被称为公德，而私德所对应的个人则是人格或内在个性意义上的个人，所以，人的含义的不同层面之间的差异决定了公德与私德之分；从主体方面来说，"公德和私德的确是对同一个人而言的，而实质上，他们所对应的乃是不同意义上的主体"❷。所以，公德和私德，虽然在主体的意义上存在共通性，但二者是主体不同的角色行为，所以，比较之下，在不同的主体之间，公德具有普遍性，而私德则有其个体性。

从主体的角度看，梁启超说"公德者，私德之推也"，这体现着对私

---

❶ 贾新奇. 论自我范导的道德与相互范导的道德：兼谈对当前公民道德建设的一点看法 [J]. 理论月刊, 2005 (7): 146-148.

❷ 储昭华. 谁之公德与公德为谁：从主题角度看公德问题 [M] //吴潜涛. 论公共伦理与公德. 武汉：湖北人民出版社, 2008: 149-151.

德和公德的本质以及二者联系的基本理解，在这一点上，他努力接通私德和公德，从"德"的主观性和主体性的角度把二者统一了起来，但这其中，他无疑把私德放置在了本源和基础的位置上，公德是主体善美之品性在公共生活和交往中的表现或扩充。这种"推"的观点是对儒家道德中的"推己及人"的模仿或者复制，它有其合理性，因为作为主体内在的自觉或体悟，不论公德还是私德在这一层面上的确存在相通性；虽然如此，但在当代社会条件下，基于对社会发展所呈现出的公共领域和私人领域的明确区分以及主体多重角色在不同交往生活中所形成的道德观念的认识，来思考梁启超的公德和私德，能够看出其中的问题，即公德和私德所反映出的精神和价值取向存在矛盾。在道德进化论和功利主义道德观的指导下，梁启超否认道德是一成不变的，提出"发明一种新道德"以补传统道德"偏于私德"的缺陷，这种新道德就是"公德"，其目的在于"利群"，要求能"固其群""善其群""进其群"。"利群"的标准该如何确定？近代中国处于内忧外患之中，使贫弱的中国强大、独立起来是"利群"的首要目标，而这一目标的实现要依赖于中国的每一位国民的独立和强大。从梁启超对公德作用的理解来说，国民的公德必然体现为强势的"主人道德"，例如，权利思想、独立、自由、进步、进取冒险精神等。"私德"可以理解为修身之德，在传统道德修养的思想中，所能看到的私德要求都包含着主体的自觉或者自我约束。美国学者浦嘉民在其著作《中国与达尔文》中说，"如果人们真的拟出新道德中的'公德'和'私德'的分类清单，那么人们会发现'公德'的条目必定偏向于'自行其是'，而'私德'的条目必然偏向于'自我克制'，即使这不算一种自相矛盾，那么至少也是一种'双重标准'"。❶ 在梁启超生活的时代，受到西方社会有机体理论的影响，他强调国民的公德观念与国家的存亡密切相关，但关于"公"的理解，他并没有形成明确的交往概念，而是呈现出了中国人关于"公"的传统性理解，即"整体"。在传统的团体或整体观念中，家—国—天下是一体的，个体的私人生活和社会生活是属于同一序列的，社会生活是私人生活的扩充；而在当代社会，在商品经济发展的推动下逐渐发生的社会结构的转型以及公共生活和私人生活的分离，使得我们认识到这是两个不同的领域，它们的结构、性质与规范都存在着巨大的差异，对主体的要求也并非相同；虽然不论公德还是私德都包含着"善"的取向，但实现的进路并不能合而为一；为了更好地实现二者的接通，促进私德到公德之"推"的实现，除了认识到二者本质上的共通性之外，还必须对公德形成所依赖的公共生活基础有明确的认识，而这一点在梁启超的思想中并没有明确呈现出来。

梁启超关于公德的理解与当前社会中的公德在内涵上并非完全一致，它体现着中国社会近代转型和发展的初期，面对社会和民族的危机，启蒙思想家对国民素质的期望；虽然公德的具体德目体现着新要求和新品质，但国民应具备的这些品质和观念紧紧围绕着国家救亡的目标，在梁启超的思想中，"公"强调的是以每个国民为基础而形成的团体，它超越了传统的宗法血缘关系，但这其中，在作为个体的每个国民之间的关系上，他没有明确的观点。所以，梁启超所强调的公德，在实现的方式上，必然依赖于个体的私德，是私德在公共生活领域中的扩充。在梁启超的思想中，公德和私德经历了由"对待之名词"到"相属之名词"的转变，这其中，

---

❶ 浦嘉珉. 中国与达尔文[M]. 钟永强，译. 南京：江苏人民出版社，2009：257.

"德"被限定在了个体内在的修养和自觉的层面上，不论在公共生活领域还是在私人生活领域中，它所依赖的交往伦理基础都没有呈现出来，这包含着伦理学中的一个重要理论问题，同时也体现出了近代社会发展程度的制约。

第二节 梁启超道德学说的意义

在分析的意义上，本书认为梁启超的公德和私德主张都存在着重要的问题，但问题的存在并没有降低这一思想学说的意义与价值：在近代社会启蒙过程中，梁启超所指出的国民的公德问题以及以补公德为主要内容的"道德革命"主张与实践产生了广泛深远的影响；而当他将道德问题的思考转向私德时，虽然被划归到保守主义的行列中，但对传统道德资源的阐发开创出了新的思想视角，被定位为"现代新儒家的第一开拓者"[1]；另外，结合新时代公民道德建设，他的思想为我们继承中华传统美德，辨析儒家伦理与公民伦理的关系提供了借鉴。所以，本节主要对梁启超的公德和私德学说所具有的意义进行简单的说明。

一、近代社会启蒙中的独特影响

西方列强的入侵把中国强制地纳入到近代资本主义的发展体系中，这

---

[1] 竹内弘行. 梁启超与阳明学 [C] //戊戌后康梁维新派研究论集. 广州：广东人民出版社，1994：259.

种外力推动下的社会发展模式缺乏充分的内部准备和动力,近代化发展要求与传统的社会统治、政治制度和思想观念纠合在一起。鸦片战争以来,先进的中国人在了解和审视西方的过程中,逐渐认识到自己的不足,将目光投向西方,不论是统治阶级的开明分子提出的"开眼看世界",引进西方技术装备"制器练兵",还是新兴资产阶级主张的"博采西学",全面引进西方的政治思想文化以及以"立人"为主题的国民性改造活动,都反映了先进的中国人向西方寻求救国道路的努力。近代社会启蒙的发展经历了从器物到制度再到文化观念的依次推进,在这其中,作为近代著名的启蒙思想家,梁启超在第二阶段和第三阶段中都发挥了重要的作用。

首先,戊戌变法失败后,流亡日本期间,梁启超接触到了大量的西方学说,"脑质为之一变",他开始致力于面向国人宣传和介绍西学。这一时期梁启超对传统道德和国民的劣根性都表达出了谴责,认为依据近代的竞争法则,它们是不合时宜的,这种否定制造出了一种道德的真空,面对这一问题,"他是第一个马上去填充这种真空的人,尽管他没有成功。"[1] 所谓填充真空,在梁启超的思想中表现为对新道德的渴求和宣传。

梁启超的新道德即"公德",在宣传这种新的道德价值观念的过程中,"采补本无"的方式在近代社会中产生的广泛影响,被认为是"做了当时革命派所忽视的广泛思想启蒙工作,激励起许多青年学子投入到国家和民族的救亡活动中,并引发了中国近代社会国民改造的思潮。梁先生自号'中国之新民',又号'新民子',他的杂志也叫作《新民丛报》,可见他的全副心思贯注在这一点。'新民'的意义是要改造中国的民族,要把这老大的病夫民族,改造成一个新鲜活泼的民族。""我们在那个时代读这样

---

[1] 浦嘉珉. 中国与达尔文 [M]. 钟永强,译. 南京:江苏人民出版社,2009:233.

的文字，没有一个人不受他的震荡感动的。"郭沫若在《少年时代》回忆说："在他那新兴气锐的言论之前，差不多所有的旧思想、旧风习都好像狂风中的败叶，完全失掉了它的精彩。二十年前的青少年——换句话说，就是当时的有产阶级的子弟——无论是赞成或反对，没有一个人没有受过他的思想或文字的洗礼的。"梁漱溟在《纪念梁任公先生》中写道："当任公先生全盛时代，广大社会俱感受他的启发，接受他的领导。其势力之普遍，为其前后同时任何人物——如康有为、严幾道、章太炎、章行严、陈独秀、胡适之等等——所赶不及。我们简直没有看见过一个人可以发生像他那样广泛而有力的影响。"

曾有学者指出：19世纪90年代中叶至20世纪最初十年里发生的思想变化是一个重要的分水岭，在这一过渡时期中，梁启超是至关重要的人物，他继承了晚清思想中儒家经世致用的传统，同时将这一传统固有的关切转变为以他著名的国民形象为标志的新的人格和社会理想，其思想成为20世纪中国意识形态运动的一个重要和永久的组成部分。[1]他以"公德"为核心的新民学说给近代国人的心灵带来强烈而持久的震撼，促进了民众，特别是知识分子的觉醒，其中，铲除奴性、呼唤理想人格的努力引发了近代国民性改造运动的思潮，为新文化运动的发生提供了思想和主体准备。

其次，在新文化运动时期，当启蒙思想家以民主和科学为武器，对封建专制政治和思想文化进行全盘清算的时候，曾经高举启蒙大旗的梁启超却唱起了反调，在道德问题上表现为将私德作为国人道德的首要内容和基

---

[1] 魏泉. 梁启超卷：从"承启之志"到"守待之心"[M]. 济南：山东文艺出版社，2006：1-2.

础，并展开了对儒家道德资源的阐发和对儒学现代价值的辩护。

在对私德的强调过程中，梁启超转向了传统的道德资源，进而开始了对传统文化的整理与分析，在这其中，他表达了对心性儒学的推崇，尊孟子赞阳明，强调在人格修养问题上，儒家道德学说的恒久价值和普遍意义。通过对儒家人生哲学和心性之学的梳理，他强调儒学中所包含的人文精神、内在超越价值以及对意义世界的追求，肯定其相对于西学的特质，并协调与民主、科学的关系，认为儒学中包含着民主的精神，与科学可以并行不悖；提出"会通中西"，化合成一种新文明，承担起对于世界文明的责任。这种捍卫和弘扬儒家传统，汲取西方的科学和民主精神，彰显儒学生命力的思路对新儒家思想的发展产生了重要的影响。现代新儒家作为一个学术思想流派出现于20世纪20年代，迄今经历了三代的传承，关于新儒家，学术界中一种代表性的意见认为："现代新儒家不仅是中国文化本位论，而且是儒学复兴论、儒学现代论者，即认为儒学在中国文化中居于主导或核心的地位，以继承、阐扬传统儒学中所包含的哲学和人生智慧为职志，并通过吸纳、融会、会通西学来使它取得现代形态，以期在现在和将来的中国文化中继续保持主导地位。"❶ 从文化层面省思，现代新儒家有感于儒学在近代的衰落，着力于重建儒家价值系统，强烈反对西化派对传统文化的简约化处理，反对唯科学主义和物质主义的误导，强调价值理性相对于工具理性的合理性，立足传统，融汇古今，以适应时代要求的意愿和趋向，谋求儒家文化在现代的复兴。❷ 这一文化取向与梁启超关于儒

---

❶ 方克力，李锦全. 现代新儒学的发展历程［M］//现代新儒家学案. 北京：中国社会科学出版社，1995：代序.
❷ 董德福. 梁启超与胡适：两代知识分子学思历程的比较研究［M］. 长春：吉林人民出版社，2004：207-208.

学的基本态度有着一致之处。关于儒学，他的思想中明确地包含着这几个观点，即"儒家哲学，不算中国文化全体，但是若把儒家抽去，中国文化，恐怕没有多少东西了"；儒学即人生哲学，其核心思想在于"修己安人"❶；"教养人格"是"孔子教义第一作用"，在近代民主社会中，虽然内圣和外王都包含着新的要求，但"人之所以为人者与所以待人者"仍具有重要意义，修养身心是对人们的最低要求，在这方面，"孔子察之最明，而所以导之者最深切，故其言也，放诸四海而皆准，俟诸百世而不惑。"❷所以，儒家传统的道德资源具有永恒而绝对的价值。

从渴求公德到阐发私德，梁启超的道德主张明显地体现了其"流质易变"的特征，与其他方面的"多变"一样，他也因此遭受到来自对立方面和自己营垒的种种非议，虽然如此，但在当前的研究中，当我们依据历史评价的标准反观他的思想学说时，能够看到在近代社会中其具有的独特影响力。在近代社会启蒙过程中，梁启超影响力的独特性在于其能够敏锐地把握时代问题，并做出快速回应；在对公德的思考和私德的关注过程中，明确了"新国民"所必需的"新道德"，虽然他的观念并不十分完备，但在急迫的救亡和启蒙条件下易于产生矫枉过正、顾此失彼的结果，在这种条件下，他基于对道德的理解及对中国社会问题的思考而兼顾了公德和私德二者，在两个方面引发了重要的思考。梁启超以政治活动家和启蒙思想家的身份登上了近代中国历史的舞台，在其思想发展的后期，他却转向了思想文化和学术研究，"以觉世始，以传世终"❸，当代学者对梁启超在20

---

❶ 梁启超. 清代学术概论·儒家哲学 [M]. 天津：天津古籍出版社，2004：105-107.
❷ 梁启超. 孔子教义实际裨益于今日国民者何在欲昌明之其道何由 [M] //张品兴. 梁启超全集. 北京：北京出版社，1999：2812-2813.
❸ 夏晓虹. 阅读梁启超 [M]. 北京：生活·读书·新知三联书店，2006：9-14.

世纪中国社会的形象和历史地位做出如此评价。

二、为公民伦理与儒家伦理关系的辨析提供借鉴

美国汉学家勒文森说，一种观念具有生命力并不仅仅因为有人思考它，而且还因为它对客观现实有参考价值。[1] 以这种观点来看待梁启超的道德学说，即使我们忽略它在近代社会和道德启蒙中所发挥的重要作用，其依然具有十分可贵的实践意义。

一个多世纪之前，中国社会开始从传统向近代转型，但内驱力发展不足以及国家救亡的现实使得这一转型并未彻底实现；当前，在市场经济发展和稳定的民主政治条件下，中国社会正在经历一次新的转型，就社会的发展来说，公共生活领域不断扩大，公共交往越来越频繁，社会生活呈现出新的发展要求。虽然与一个世纪之前相比，当前社会在发展的阶段和程度上都有着很大的不同，但却面临着共同的道德问题，即国人的公共交往伦理和公德意识不健全，在这其中，公民道德或公民伦理成为社会关注的重点，也是伦理学研究中的重要课题。围绕这一问题，就目前的研究成果来说，关于这一范畴的理论辨析与诠释、中国社会转型中的道德问题及对策、公民伦理如何才能更好地健全和发展等问题都受到了学者们的关注，在这其中，公民伦理和儒家伦理的关系是一个引起广泛讨论的重要话题。儒家伦理是在公共生活极其不发育的传统社会中形成的，它深刻细致地把握着以宗法血缘为基础的私人关系，注重父子、夫妇、兄弟之家庭人伦关

---

[1] 勒文森. 梁启超与中国近代思想 [M]. 刘伟, 刘丽, 姜铁军, 译. 成都：四川人民出版社, 1986: 115.

系；而公共精神是现代社会公民伦理的本质要求，它是伴随着现代公共生活的出现与公民身份的认定而养成的自觉遵守行为规范的气质，[1] 公民伦理和公民道德的健全与发展能否从儒家传统中汲取有益的因素？二者的精神是根本背离还是存在相与之道？

就当前的讨论来说，有些问题形成了大致相同的结论，有些方面则不甚明确。首先，大多学者都从公民社会与传统社会的生产方式、组织结构、制度需求的不同引出公民伦理与儒家伦理存在质的区别，强调"公民伦理是公民社会这一特定社会形态的精神蕴涵与价值确证"[2]，以公共领域与私人领域的区分为前提，以平等、独立、自由为核心理念；而"儒家伦理是本于一种对日常生活伦理与公共生活伦理这两者间的直通（等同）性的理解"[3]，公共生活与私人生活没有分界，均统摄于家族生活之中，体现着宗法等级和人身依附的特征。其次，缺乏公共精神的儒家伦理与公民伦理之间是否存在相与之道？在这一问题上，虽然有观点认为儒家伦理由于坚持"血亲情理"精神，具有压抑公德的负面效应，[4] 或者儒家伦理与以市场经济发展为基础的当代社会价值追求存在冲突，但大多都认为在公民伦理的发展过程中，要承接中华美德，因为：其一，虽然形成于家国同构、宗法一体的社会中，但儒家对"公"的论述是非常丰富的，"先天下之忧而忧，后天下之乐而乐""天下兴亡，匹夫有责"等为国家、民族而表现出的责任感和政治参与意识同样是现代公共生活的内在要求，在这方

---

[1] 张舜清. 从"公共精神"看儒家伦理的现代转型 [J]. 中南财经政法大学学报，2007(3)：123-126.
[2] 张舜清. 公民社会与儒家伦理 [J]. 中州学刊，2006 (4)：130-133.
[3] 廖申白. 公民伦理与儒家伦理 [J]. 哲学研究，2001 (11)：67-74，81.
[4] 刘清平. 儒家伦理与社会公德：论儒家伦理的深度悖论 [J]. 哲学研究，2004 (1)：37-41.

面，儒家伦理对于现代公共精神的培育和公民伦理的形成显示出了深沉的文化借鉴意义；其二，在主体方面，从公德和私德同出一源，二者可以互相使对方得以提高，从这个意义上看，尽管儒家伦理没有明确区分公德和私德，但作为一种发展相当成熟和完备的道德学说，可以为培育公民的公共伦理精神提供深刻的价值关照，❶ 并且新时代公民道德建设和民族精神培育，需要从传统儒家道德中寻求思想资源；其三，儒家伦理以人伦价值为中心，它在原本意义上并不是某种一般的知识系统和逻辑架构，而是指导人们行为的一种价值哲学，它之于当代公民价值观体系的构建是一种根源性、母体性、基础性、前提性、不可回避性的文化资源及其背景的角色。❷

基于对公民伦理和儒家伦理区别及相与之道的理解，在借鉴儒家伦理以推动公民伦理的健全和完善这一问题上，研究者们基本持一致的意见，认为当前中国公民社会确立、完善和健康运转所需要的伦理道德应与数千年的道德传统承接起来，但这一"承接"该如何实现则没有明确的一致结论。就学术界的讨论来看，致思的路径大多是通过探寻儒家伦理之常道，分析其对于当今社会伦理及人们道德提升所具有的意义和价值，阐述贯通的必要性和可能性，提出一种笼统的批判继承或推动儒家伦理转型的主张；但除此之外，也有学者基于对公民社会观察及儒家伦理道德的理解，提出了实现贯通的具体方式，只是在这一问题上观点也并非完全一致，大致有以下几种：其一，补充，认为儒家伦理所强调的"五伦"限于熟人社

---

❶ 张舜清. 从"公共精神"看儒家伦理的现代转型 [J]. 中南财经政法大学学报，2007 (3)：123 – 126.

❷ 邵龙宝. 儒家伦理与公民道德价值观体系的构建：兼论批判继承儒家伦理的方法论原则 [J]. 西南民族大学学报：人文社科版，2005 (1)：179 – 183.

会，在一定程度上抑制着公民精神的发育，而在我们当前的社会中，君臣、父子、夫妇、兄弟、朋友关系依然是基础性的人际关系，儒家伦理依然具有独特的意义，主张在五伦之外，补充体现公共伦理精神的内容，20世纪80年代我国台湾地区发生的"第六伦运动"和近年来我国大陆有些学者提出的"九伦"[1]都反映着这种主张。其二，依据公民社会中的个体所具有的不同角色要求，将儒家伦理和道德定位在私人生活和人格完善的层面上，强调私德和公德的划分只是学理上的抽象，就道德主体来说是同一的，具有良好私德的人在公共生活中也易于表现出应有的公德，将儒家伦理作为公民伦理健全发育的道德资源，通过弘扬以延续贯通之。其三，"返本开新"，这是一种将儒家道德作为中华文明之根基的观点，在审视传统之本的基础上，试图阐发出符合民主政治和公共生活的新精神，也就是希望通过"老根发新芽"的方式推动儒家伦理道德与平等、自由、民主等近当代价值观念和公共理性的融合，新儒家是其典型代表。

虽然与传统的生产和生活方式密切相关的儒家道德和伦理与当前公民社会的价值观念和发展要求呈现出诸多的冲突，但作为文化土壤的儒家伦理道德与当前中国社会的健康、持久发展有着密切的关系，公民伦理和儒家伦理的相关讨论也将会一直持续下去。这一讨论固然能够引导我们去思考在中国这样一个有着悠久历史和道德传统的社会，儒家伦理道德对于公民道德的发育和健全所具有的意义，以及在现代社会的发展过程中，我们该如何对待传统；但在这一讨论思路中，伦理和道德是糅合在一起的，公民道德和公民伦理的关系并未得到研究者们的区分和界定，当面对公共生

---

[1] 姜广辉. 九伦：中国伦理思想的现代诠释 [N]. 光明日报，2007-08-23.

活伦理问题时,"私德公德化"是一个重要的思维倾向❶,这使得传统的儒家道德发挥不出其应有的作用,也不能促进公共生活和交往的伦理基础的逐渐健全和完备。

  关于近代中国社会的道德问题,梁启超主张通过"淬厉本有""采补本无"来补足公德、改进私德,在这其中贯穿着他对儒家道德在近代社会中命运的思考。综观其思想的发展,虽然对以封建纲常为代表的制度层面的儒学及体现为民众劣根性的日用层面的儒学和道德教化进行过揭露和批判,但他从未彻底否定儒家道德,而是强调保存"根柢源泉",不仅如此,在20世纪的20年代,他更是以文化保守主义者的角色投入中西文化的争论之中,正面地阐述儒学的普遍意义和永恒价值。所以,梁启超的伦理思想具有以传统儒家道德为本位、容摄国民公德的特征,他既明确传统儒家道德在近代社会呈现出的不足,又从其中阐释出它在近代国家和社会文化与道德建设中的生命力。2019年,中共中央、国务院印发了《新时代公民道德建设实施纲要》,明确提出"坚持在继承传统中创新发展,自觉传承中华传统美德,继承我们党领导人民在长期实践中形成的优良传统和革命道德,适应新时代改革开放和社会主义市场经济发展要求,积极推动创造性转化、创新性发展,不断增强道德建设的时代性实效性。"梁启超对近代中国社会道德问题的思考包含着对传统的继承与创新发展,其思想和主张能够为新时代公民道德建设提供借鉴。

---

  ❶ 李学明. 公德私德化:解决"公德"与"私德"问题的切入点[J]. 求实,2009(8):36-38.

结　语

"道德救世"是近代中国社会救亡的一个重要特征,[1]体现着儒家的仁德追求以及社会关怀的方式和路径。鸦片战争前后,面对社会和民族的危机,以安天下为己任的传统士大夫认为清王朝衰落的社会现实是士人道德堕落、社会风气正不压邪所致,主张通过人心风俗的改造达到"人心肃则国威遒"的目的。这一时期改革者的思维方式和阶级立场,决定了他们对道德主体的理解依然是传统儒家所强调的精英阶层,在他们的思想中,君子人格可谓挽救社会危机、实现社会风气好转之枢纽;[2]在具体的内容上,仍然是以纲常礼教的传统道德来规范人们的社会心理与日常行为。20世纪前后,伴随着民族危机的加剧和国家救亡的急迫,启蒙者逐渐地认识到国家之间的竞争归根结底是国民素质之间的竞争,在西方社会有机体理论的影响下,超越了传统精英与民众在社会结构和社会活动中不同地位和作用的观点,而普遍地认为"民"是国家构成的基本单位,民的素质决定着国家的地位和性质,治国之根本在于治"民"。"民"的发现对近代中国社会

---

[1] 关于道德救世思想,参见:赵炎才. 中国近代道德救世思想管窥[J]. 唐都学刊, 2004(5): 65 – 69;赵炎才. 中国近代道德救世思想的萌蘖[J]. 江汉大学学报:人文科学版, 2005(6): 76 – 82.

[2] 赵炎才. 中国近代道德救世思想的萌蘖[J]. 江汉大学学报:人文科学版, 2005(6): 76 – 82.

救亡的发展具有重要的意义，它推动了近代国民改造运动的开展，在这其中，严复提出的以民智、民力、民德为代表的"三民"思想初步规范了"新民"的素质结构。在智、力和德三者之中，道德无疑仍然是最为重要的，因为它内定了人的行为指向、行为模式，人们所普遍接受的道德类型根本性地决定着人的自我发展、自我实现的方向，而社会的稳定与发展也基本上受制于这种道德在人们心中内化的程度，[1] 所以，新民德是"新民"思想的核心。

关于近代中国的"新民"思潮，就历史的发展来说，经历了由"救国"到"立人"的转变，前者强调国民性改造是挽救民族危机的一种手段，人自身并不是最终的目的，在道德上强调"合群""公德心"的培养；后者强调人的自身，呼吁显现自我，确立了人的生命、价值至上的原则。[2] 虽然有这样的转变，但"塑造臣民为国民、变传统的中国人为现代的中国人"则始终是"新民"的中心，具体说来，在这一过程中，启蒙思想家对国人的劣根性进行了深刻的揭露和批判，努力培养国民的独立意识与权利自觉，重建国民的伦理结构和文化心理结构，造就一代具有崭新的人生理想、价值观念、伦理精神与行为方式的国民。[3]

"新民"体现着新的历史条件下，背负着济世理想的儒者和爱国志士的爱国热情和救国之道，在这其中，他们经历着理想和现实的割裂和冲突，在其具体的途径和方法的选择上内含着对中西文化的理解和判断，在他们的思想中，反映着近代社会和政治要求的西方文化以及国民素质和品

---

[1] 袁洪亮. 人的现代化：中国近代国民性改造思想研究 [M]. 北京：人民出版社，2005：87-88.

[2] 袁洪亮. 人的现代化：中国近代国民性改造思想研究 [M]. 北京：人民出版社，2005：68.

[3] 张岩岩. 论晚清"新民思潮" [D] 大连：辽宁师范大学，2004：3.

格是被赞赏和肯定的，而与国人劣根性的形成和发展有着密切关系的传统政治和文化则受到了激烈的批判和否定，儒家的伦理道德无疑处于首当其冲的位置。虽然有从"救国"到"立人"的转变，但近代中国的"新民"运动始终没有摆脱国家救亡的这一根本目标，在这一过程中，工具理性和手段的选择超过了深沉理智的思考，在勾画古老城邦的新面貌和特征的同时，反传统成为主流，认为中国的积弱不振有政治的原因，更有深层的文化根源，因此，伴随着社会启蒙的深入，以排击传统、倡导"西化"为特征的文化激进主义应运而生，并发展成为最具社会感召力的时代思潮。与这种激进的文化主张相伴随，"保国保种"的文化保守意识也在发展，表现为西学东渐下的民族文化危机感以及面对西方制度的弊端而产生的文化回归情绪。

梁启超关于私德和公德的思考就是在这种社会和文化背景下展开的，面对近代社会变迁和救亡，他重视民德的作用，认为学识之开通、运动之预备皆其余事，为了更好地塑造新的国民，他对社会道德的状况进行了深刻的批判，在这一过程中提出了中国传统道德偏于私德而轻公德的观点，认为"私德居十之九，而公德不及其一"的传统道德是造成近代国人公德缺失和私德堕落的直接原因。在补足公德和提升私德的努力和思路上，他体现出了一个深受儒家道德学说影响而又接受近代社会价值和道德观念的启蒙思想家所具有的社会责任感和爱国热情，在这其中，基于对近代中国国家存亡和民主政治的发展，他积极宣传国民的公德观念的重要性，并主张通过"采补本无而新之"，同时，出于"中国道德之本原"的认识，他又主张"淬厉本有"，将固有的道德传统进行现代性的解读和阐释，延续中华民族之"善美精神"，并且他认为这两者的结合就像先哲所说的"因材而笃与变化气质"，缺一不可。

私德和公德作为梁启超观察国人道德问题的两个方面，这对概念在其思想体系中居于重要地位。作为较早引入这对概念的人，他对私德和公德的界定以及二者关系的理解在中国社会产生了重要的影响，例如，近代启蒙思想家关于公德的理解一般都强调"牺牲一己之私益以图公益之保存"，它是由"公共观念"而生的，包括"利他心""社会伦理""国家伦理"等；"私德"则是涵盖"个人之资格""利己心"、家族伦理等方面；在二者的关系上则强调有机统一，但将私德置于更为根基的地位上，"私德、原也，公德、流也；有私德而无公德，是断其流也，有公德而无私德，是塞其原也。"❶ 在当代研究领域中，当谈论私德和公德问题时，研究者一般也都会追溯到梁启超那里，借助他的诠释展开讨论。虽然如此，但在本书的分析过程中，我们认为梁启超将公德和私德的意义都局限在了狭义的道德层面上，而忽略了交往伦理的概念；这种理解方式影响着他对近代中国社会道德问题的思考，造成了公德难以补足，而私德也没有厘清的结果。梁启超对私德和公德的这种理解方式固然体现着近代中国社会发展程度的制约，但私德和公德问题并不是一个历史问题，它在当代社会中依然存在，所以，在谈论私德和公德问题时，如何恰当地理解并引入交往伦理是一个重要而现实的问题。

与道德相比较，伦理本身就包含着交往的意义，它是以社会生活中的相互关系来确定的，所关涉的是个体与他人之间的关系，在这种意义上，"交往伦理"这一表述似乎是一种语意表达的重复，但本书使用这一概念时，突出"交往"，所强调的是一种与"日常生活伦理"不同的"公共生活伦理"。前者"确定我们在家庭生活和交往生活中建构的伦理关系"，其

---

❶ 黄建中. 比较伦理学 [M]. 济南：山东人民出版社，1998：91.

中典型的是"个人同特殊他者的关系",是以血缘或情感联系为基础的;而后者与公共生活领域的发展相关,"典型的伦理关系是个人同一般复数他者的关系"。在公共生活伦理关系中,不同的交往主体之间不存在特殊的关系,个体与不同的他者之间的关系是普遍的、无差别的,相对于传统的熟人关系来说,这是一种陌生人之间的关系;这种关系是建立在主体的交往基础之上的,是因为交往而产生的,与血缘亲属等天然的关系没有必然的联系,在近代以来"一些专门发展的领域"的发展过程中逐渐呈现出来,例如经济生活、政治生活、法律生活、文化生活等;❶ 这种交往关系所应遵守的准则与规范也不同于传统的人伦之理,它是在交往生活中逐渐形成的相互性、有效性的要求与规范,体现着不同交往主体基于共同生活而形成的共识,在一定的范围之内,可以被提升到制度的层面上。这种普遍意义上的交往关系虽然是以公共生活和交往为基础而形成的,但伴随着社会生活和交往方式的不断发展,它日益渗透家庭和传统的私人生活领域之内,在当代社会中,家庭成员或亲属之间的关系已经呈现出复杂化的趋势,在社会生活和交往中,家庭成员之间的关系是双重的,除了其作为家庭成员的身份之外,他们同样也具备公民身份,在这种条件下,囿于日常生活伦理的观念可能会导致问题与纠纷的出现。伴随着公共生活领域的不断拓展,公共交往伦理的完备是重要且必要的。

公共交往伦理该如何完备?这对于有着深厚历史传统而又经历了特殊近代转型和发展的中国社会来说是一个难题。一方面,作为成熟的农业文明国家,传统中国在发展过程中,形成了完备的伦理规范体系,家庭生活

---

❶ 廖申白,孙春晨. 伦理新视点:转型时期的社会伦理与道德 [M]. 北京:中国社会科学出版社,1997:64.

中的长幼尊卑之理在"家国一体"的社会结构中成为维系传统社会秩序的重要规范，家天下的政治模式进一步保障了这一伦理规范体系的稳定，使得中国人对于伦理的理解凝固在了这种日常生活伦理的意义上。另一方面，虽然当代中国社会公共交往生活有了一定程度的发展，但这一发展是缓慢且不均衡的，在社会范围生活中，中国人习惯于将公共生活私人化，公共交往关系熟人化，普遍意义上的私人交往关系以及交往过程中的相互性规范要求并未很好地形成。

梁启超道德学说中存在的问题启示我们在道德建设的过程中要关注作为道德基础的伦理，就当前中国社会的现状来说，对伦理的关注主要表现为如何健全公共交往伦理。中国社会的发展状况以及呈现出的问题，使我们认识到依赖于人们在交往生活中所形成的共识而推动公共交往伦理的健全，这种自发的方式是不可行的。虽然公共交往伦理中必然包含着不同的交往主体的共识，但这一共识的产生需要通过自觉的方式来引导和培育，在这其中，合理的政府主导和与公共生活相关的法律规范的健全是必要的。所以，在思考当前社会生活中的道德问题时，固然要重视个体道德的自觉，但面对社会道德问题时，则需要明确伦理与道德的关系、传统的私人交往伦理与公共生活中的私人交往伦理的不同，在借鉴弘扬传统美德和促进交往伦理基础的完备之间形成明确的观点。

参考文献

一、专著、论文集、学位论文

[1] 梁启超. 梁启超全集［M］. 北京：北京出版社，1999.

[2] 梁启超. 梁启超全集［M］. 北京：中国人民大学出版社，2018

[3] 梁启超. 中国近三百年学术史［M］. 太原：山西古籍出版社，2001.

[4] 梁启超. 清代学术概论·儒家哲学［M］. 天津：天津古籍出版社，2004.

[5] 梁启超. 饮冰室文集点校［M］. 昆明：云南教育出版社，2001.

[6] 魏泉. 梁启超卷："从承启之志"到"守待之心"［M］. 济南：山东文艺出版社，2006.

[7] 丁文江，赵丰田. 梁启超年谱长编［M］. 上海：上海人民出版社，2009.

[8] 杨伯峻. 论语译注［M］. 北京：中华书局，2004.

[9] 杨伯峻. 孟子译注［M］. 北京：中华书局，2003.

[10] 朱熹. 四书集注［M］. 长沙：岳麓书社，2004.

[11] 徐复观. 徐复观文集［M］. 武汉：湖北人民出版社，2009.

[12] 张枬，王忍之. 辛亥革命前十年间时论选集［C］. 北京：生活·读书·新知三联书店，1960.

[13] 张灏. 梁启超与中国思想的过渡：1890—1907［M］. 崔志海，葛夫平，译. 南京：江苏人民出版社，2005.

[14] 勒文森. 梁启超与中国近代思想［M］. 刘伟，刘丽，姜铁军，译. 成都：四川

人民出版社，1986.

[15] 狭间直树. 梁启超·明治日本·西方：日本京都大学人文科学研究所共同研究报告 [R]. 北京：社会科学文献出版社，2001.

[16] 福泽谕吉. 文明论概略 [M]. 北京编译社，译. 北京：九州出版社，2008.

[17] 浦嘉珉. 中国与达尔文 [M]. 钟永强，译. 南京：江苏人民出版社，2009.

[18] 李喜所，元青. 梁启超传 [M]. 北京：人民出版社，1993.

[19] 陈鹏鸣. 梁启超学术思想评传 [M]. 北京：北京图书馆出版社，1999.

[20] 郑匡民. 梁启超启蒙思想的东学背景 [M]. 上海：上海书店出版社，2003.

[21] 张朋园. 梁启超与清季革命 [M]. 长春：吉林出版集团有限责任公司，2007.

[22] 段江波. 危机·革命·重建：梁启超论"过渡时代"的中国道德 [M]. 桂林：广西师范大学出版社，2008.

[23] 董德福. 梁启超与胡适：两代知识分子学思历程的比较研究 [M]. 长春：吉林人民出版社，2004.

[24] 黄克武. 一个被放弃的选择：梁启超调适思想之研究 [M]. 北京：新星出版社，2006.

[25] 吕滨. 新民伦理与新国家：梁启超伦理思想研究 [M]. 南昌：江西教育出版社，2000.

[26] 夏晓虹. 阅读梁启超 [M]. 北京：生活·读书·新知三联书店，2006.

[27] 李泽厚. 中国近代思想史论 [M]. 北京：人民出版社，1982.

[28] 黄建中. 比较伦理学 [M]. 济南：山东人民出版社，1998.

[29] 何怀宏. 伦理学是什么 [M]. 北京：北京大学出版社，2002.

[30] 王海明. 伦理学原理 [M]. 北京：北京大学出版社，2009.

[31] 廖申白. 伦理学概论 [M]. 北京：北京师范大学出版社，2009.

[32] 廖申白，孙春晨. 伦理新视点：转型时期的社会伦理与道德 [M]. 北京：中国社会科学出版社，1997.

[33] 吴潜涛. 论公共伦理与公德 [C]. 武汉：湖北人民出版社, 2008.

[34] 陈弱水. 公共意识与中国文化 [M]. 北京：新星出版社, 2006.

[35] 张研. 清代族田与基层社会结构 [M]. 北京：中国人民大学出版社, 1991.

[36] 胡适. 四十自述 [M]. 北京：中国文联出版公司, 1993.

[37] 袁洪亮. 人的现代化：中国近代国民性改造思想研究 [M]. 北京：人民出版社, 2005.

[38] 许建良. 先秦儒家的道德世界 [M]. 北京：中国社会科学出版社, 2008.

[39] 葛兆光. 古代中国社会与文化十讲 [M]. 北京：清华大学出版社, 2002.

[40] 张汝伦. 现代中国思想研究 [M]. 上海：上海人民出版社, 2001.

[41] 彭平一. 冲破思想的牢笼：中国近代启蒙思潮 [M]. 长沙：湖南师范大学出版社, 2000.

[42] 陈永森. 告别臣民的尝试 [M]. 北京：中国人民大学出版社, 2004.

[43] 廖加林. 现代公民社会的道德基础 [M]. 长沙：湖南大学出版社, 2006.

[44] 张岩岩. 论晚清"新民思潮"[D]. 大连：辽宁师范大学, 2004.

[45] 熊全慧. 新民与新国：梁启超新民思想研究 [D]. 成都：四川师范大学, 2005.

二、期刊文章

[46] 廖申白. 论公民伦理：兼谈梁启超的"公德""私德"问题 [J]. 中国人民大学学报, 2005 (3).

[47] 邹渝. 厘清伦理与道德的关系 [J]. 道德与文明, 2004 (5).

[48] 王小锡. 道德、伦理、应该及其相互关系 [J]. 江海学刊, 2004 (2).

[49] 尧新瑜. "伦理"与"道德"概念的三重比较义 [J]. 伦理学研究, 2006 (4).

[50] 钱广荣. "伦理就是道德"质疑：关涉伦理学对象的一个学理性问题 [J]. 学术界, 2009 (6).

[51] 韩升. 伦理与道德之辩正 [J]. 伦理学研究, 2006 (1).

[52] 廖申白. 公民伦理与儒家伦理 [J]. 哲学研究, 2001 (11).

[53] 廖小平. 公德和私德的厘定与公民道德建设的任务 [J]. 社会科学, 2002 (2).

[54] 马奇柯. 社会公德、职业道德、家庭美德、个人品德关系论析 [J]. 学术交流, 2008 (2).

[55] 张建英, 罗承选, 胡耀忠. 公德与私德概念的辨析与厘定 [J]. 伦理学研究, 2010 (1).

[56] 廖申白. 交往生活的公共性转变：两个世纪的主题 [J]. 北京师范大学学报：社会科学版, 2006 (5).

[57] 贾新奇. 论中国伦理思想的近代转型：从公民道德的角度所作的考察 [J]. 福建论坛：人文社会科学版, 2006 (10).

[58] 程立涛, 苏建勇. "私德外推即为公德"吗?：兼论梁启超的公德私德观 [J]. 河北师范大学学报：哲学社会科学版, 2007 (2).

[59] 贾新奇, 王园. 从公民道德的角度认识儒家道德 [J]. 宁夏社会科学, 2005 (6).

[60] 赵炎才. 中国近代道德救世思想管窥 [J]. 唐都学刊, 2004 (5).

[61] 赵炎才. 中国近代道德救世思想的萌蘖 [J]. 江汉大学学报：人文科学版, 2005 (6).

[62] 李学明. 公德私德化：解决"公德"与"私德"问题的切入点 [J]. 求实, 2009 (8).

[63] 张舜清. 从"公共精神"看儒家伦理的现代转型 [J]. 中南财经政法大学学报, 2007 (3).

[64] 张舜清. 公民社会与儒家伦理 [J]. 中州学刊, 2006 (4).

[65] 刘清平. 儒家伦理与社会公德——论儒家伦理的深度悖论 [J]. 哲学研究, 2004 (1).

[66] 郑少翀. 从美德到权利———儒家伦理与公民伦理的异质及其共生之道 [J].

福建师范大学学报：哲学社会科学版，2009（4）.

［67］邵龙宝. 儒家伦理与公民道德价值观体系的构建：兼论批判继承儒家伦理的方法论原则［J］. 西南民族大学学报：人文社科版，2005（1）.

［68］孟昭红. 二十世纪初梁启超对国民劣根性的揭露与批判［J］. 学术交流，2000（3）.